Jann M. Witt

Deutsche Marinegeschichte

PALM VERLAG

Inhaltsverzeichnis

Vorwort

Dieses Buch gibt einen kurzen Überblick über die Geschichte der deutschen Marinen. Es basiert auf den Texten der Ausstellung in der Historischen Halle des Marine-Ehrenmals in Laboe. Das zwischen 1927 und 1936 als Gedenkstätte für die Gefallenen der Kaiserlichen Marine im Ersten Weltkrieg errichtete Marine-Ehrenmal wurde nach dem Zweiten Weltkrieg zu einer Gedenkstätte für die auf See Gebliebenen aller Nationen. Heute ist das Marine-Ehrenmal eine nationale Gedenkstätte mit internationalem Charakter und zugleich die offizielle Gedenkstätte der Deutschen Marine.

Dieses Buch zeigt im Sinne einer kritischen Auseinandersetzung die Höhen und Tiefen, die Kontinuitäten und Diskontinuitäten der deutschen Marinegeschichte. Es soll Interesse wecken für die deutsche Marinegeschichte – und damit auch für de deutsche Geschichte.

Die Geschichte der deutschen Marinen ist auf das engste mit der deutschen Geschichte des 19. und 20. Jahrhunderts verknüpft. Anders als die meisten europäischen Staaten hat Deutschland während der letzten 160 Jahre nicht nur eine Marine besessen, sondern gleich acht Marinen: Angefangen mit der Reichsflotte von 1848 (die oft – nicht ganz korrekt – auch als Bundesflotte bezeichnet wird) über die preußische Marine, die Marine des Norddeutschen Bundes, die Kaiserliche Marine, die Reichsmarine, die Kriegsmarine bis hin zur Volksmarine und der Marine der Bundesrepublik Deutschland, die seit der Wiedervereinigung kurz Deutsche Marine heißt.

Nicht nur die Bezeichnungen, auch die Aufgaben der deutschen Seestreitkräfte haben sich in den letzten 160 Jahren grundlegend geändert. Sinn und Zweck der heutigen Deutschen Marine ist nicht das Streben nach Welt- und Seemacht wie im Fall früherer deutscher Seestreitkräfte, sondern internationale Kooperation und Friedenswahrung. Die Bundesrepublik Deutschland ist fest verankert in einem Bündnis demokratischer Staaten. Das Einsatzspektrum der heutigen Deutschen Marine reicht von friedenser-

Der Große Kreuzer SCHARNHORST in der Südsee 1914. Die romantische Idylle trügt. Wenige Monate später, am 8. Dezember 1914, sinkt das Schiff mit der gesamten Besatzung in der Seeschlacht bei den Falklandinseln.

Die Fregatte MECKLENBURG-VORPOMMERN im Hafen von Dschibuti

haltenden bis zu friedensschaffenden Einsätzen. Ihre wichtigsten Aufgaben sind die internationale Krisenbewältigung, humanitäre Hilfeleistung, die Bekämpfung des internationalen Terrorismus, die Abwehr asymmetrischer Bedrohungen und der Schutz der internationalen Seewege.

Die Bundesrepublik Deutschland ist eine der bedeutendsten Wirtschaftsnationen und eines der größten Exportländer der Welt. Über 90 Prozent des Welthandels und auch ein Großteil des deutschen Außenhandels werden über die Meere abgewickelt. Zugleich bezieht Deutschland als rohstoffarmes Hochtechnologieland viele lebensnotwendige Ressourcen aus dem Ausland. Unser gesamtes Wirtschaftssystem, unser Wohlstand und unsere sozialen Errungenschaften sind von einem freien Seehandel abhängig. Eine starke Deutsche Marine schützt diese Seewege. Sie hat sich in den letzten zwei Jahrzehnten zu einer global operierenden Einsatzmarine gewandelt und besitzt heute ein vielfältiges und leistungsstarkes Fähigkeitsspektrum.

Dieses Buch bietet einen kurzen Überblick. Das bedeutet, dass vieles nur kurz angesprochen und anderes überhaupt nicht erwähnt werden kann. Vielleicht ist dieses Buch aber ein Anreiz, sich intensiver mit der Geschichte der deutschen Marinen zu beschäftigen.

Leider kann ich an dieser Stelle nicht die Namen all derer erwähnen, die mich bei der Arbeit an diesem Buch unterstützt haben. Ihre Anregungen und ihre Kritik waren eine wertvolle Hilfe. Etwaige Fehler fallen allein in meine Verantwortung.

Dr. Jann M. Witt
Historiker des Deutschen Marinebunds e.V.

Die Anfänge der Deutschen Marine 1848–1852

Im Revolutionsjahr 1848 wird mit der Bundesflotte die erste gesamtdeutsche Marine gegründet. Sie wird von der Frankfurter Nationalversammlung, dem ersten frei gewählten deutschen Parlament, kontrolliert und führt die schwarz-rot-goldene Flagge.

Das Scheitern des ersten Versuches der Gründung eines deutschen Nationalstaates bedeutet auch das Ende der Bundesflotte.

Die Vorgeschichte

Bis in das 19. Jahrhundert hinein gibt es keine deutsche Marine. Weder die mittelalterliche Hanse noch die brandenburgische Marine im 17. Jahrhundert können als direkte Vorgänger der späteren deutschen Marinen angesehen werden.

Die Hanse lässt sich am ehesten als ein lockerer Zusammenschluss deutscher Kaufmannsstädte mit ähnlichen, wenn auch nicht identischen Handelsinteressen beschreiben. Die Eckpunkte des hansischen Handels bilden die vier Hansekontore in London, Brügge, Bergen und Nowgorod, zwischen denen die Warenströme hin und her fließen. Zwar sind die Hansestädte in der Lage, beachtliche Flottenverbände aufzustellen, doch gilt das Interesse der Hansestädte allein der Verteidigung ihres Handels und ihrer wirtschaftlichen Privilegien und nicht der Durchsetzung von Seeherrschaft. Im 17. und 18. Jahrhundert unterhalten die Hansestädte Hamburg, Lübeck und Bremen einige Kriegsschiffe, doch dienen auch diese sogenannten „Convoyschiffe“ ausschließlich dem Schutz des Seehandels vor Piraten und feindlichen Angriffen.

Von den frühneuzeitlichen deutschen Territorialstaaten beginnt nur Brandenburg während der Herrschaft von Kurfürst Friedrich Wilhelm (1648–1688) mit dem Aufbau einer kleinen Marine. Doch der Versuch, Brandenburg zu einer See- und Kolonialmacht nach englischem oder niederländischem Vorbild zu erheben, scheitert an den mangelnden Ressourcen des kleinen Landes. Nach 1715 verfällt die brandenburgisch-preußische Flotte, da alle Mittel für den Aufbau des Heeres eingesetzt werden.

Die deutsche Marinegeschichte beginnt dementsprechend erst im Jahre 1848 mit der Gründung der sogenannten „Bundesflotte“, der ersten gesamtdeutschen Marine.

Der Wiener Kongress

Nach der Niederlage Napoleons schafft der Wiener Kongress 1815 eine neue Ordnung in Europa, die bis zum Ersten Weltkrieg die europäische Politik bestimmt.

Ziel ist die Restauration, die Wiederherstellung des politischen Zustandes vor Beginn der Französischen Revolution 1789. Dies gilt auch für die deutschen Länder. Doch weder die freiheitlich-liberale Bewegung noch die Hoffnung auf die Gründung eines deutschen Nationalstaates können dauerhaft unterdrückt werden.

Der Deutsche Bund

Das 1806 aufgelöste Heilige Römische Reich Deutscher Nation wird nicht wieder errichtet. An seine Stelle tritt der 1815 gegründete Deutsche Bund als Konföderation souveräner Staaten. Die Könige von Großbritannien, Dänemark und der Niederlande werden ebenfalls Mitglieder des Deutschen Bundes, da zu ihren Herrschaftsgebieten auch deutsche Territorien zählen. Von Anfang an wird der Deutsche Bund

Der deutsche Bund 1815–1864

Die im Mai 1848 in der Frankfurter Paulskirche zusammengetretene Nationalversammlung ist das erste frei gewählte gesamtdeutsche Parlament.

von der Rivalität Preußens und Österreichs um die Vormachtstellung in Deutschland belastet.

In der ersten Hälfte des 19. Jahrhunderts erlebt der Seehandel der deutschen Länder als Folge der beginnenden Industrialisierung einen ersten großen Aufschwung. Von den Mitgliedsstaaten des Deutschen Bundes verfügen aber nur Großbritannien, Dänemark und die Niederlande über größere Flotten zum Schutz des Seehandels. Von den deutschen Staaten besitzen lediglich Österreich und Preußen Seestreitkräfte. Die österreichische Flotte ist in der Adria stationiert, während die 1815 gegründete preußische Marine lediglich über eine geringe Zahl von Ruderkanonenbooten in der Ostsee verfügt.

Frühe Flottenpläne

Nach 1815 werden immer wieder Stimmen laut, die den Aufbau deutscher Seestreitkräfte fordern. So regt beispielsweise der badische Gesandte in der Bundesversammlung nach Übergriffen tunesischer Piraten auf deutsche Handelsschiffe die Errichtung einer deutschen Flotte an – allerdings ohne Erfolg. In den 1840er-Jahren beginnt erneut eine Diskussion über die Notwendigkeit einer deutschen Flotte. Es erscheinen zahlreiche Schriften, die deutsche Seestreitkräfte zum Schutz des Seehandels fordern.

Die Revolution von 1848

Anfang 1848 löst die Februarrevolution in Frankreich einen politischen Flächenbrand aus, der fast den gesamten europäischen Kontinent erfasst. Der revolutionäre Funke springt auch auf die Staaten des Deutschen Bundes über, wo die national-liberale Bewegung trotz aller Unterdrückungsversuche lebendig geblieben ist.

Am 18. Mai 1848 tritt in der Frankfurter Paulskirche mit der Nationalversammlung das erste frei gewählte gesamtdeutsche Parlament zusammen. Es soll über eine freiheitliche Verfassung für einen zu schaffenden deutschen Nationalstaat beraten. Nach dem Willen der Parlamentarier soll der Deut-

Schleswig-holsteinische Flottille

sche Bund als Fürstengemeinschaft durch ein neu zu gründendes Deutsches Reich ersetzt werden.

Im Juni löst sich die Bundesversammlung des Deutschen Bundes auf. Zugleich schafft die Frankfurter Nationalversammlung die sogenannte „Zentralgewalt“ als provisorische Reichsregierung. Doch das Vorhaben einer nationalen Einigung scheitert letztlich an der politischen Spaltung der Abgeordneten und am Widerstand der deutschen Fürsten.

Die schleswig-holsteinische Erhebung

Die von Frankreich ausgehende Revolutionsbewegung bringt auch den seit Langem schwelenden Konflikt zwischen den nationalen Bewegungen Dänemarks und Schleswig-Holsteins zum offenen Ausbruch. Der wesentliche Streitpunkt ist die Frage, ob Schleswig Teil des dänischen Nationalstaates werden oder zusammen mit dem zum Deutschen Bund gehörigen Holstein einem noch zu bildenden deutschen Nationalstaat angehören soll.

Doch die Entscheidung über die zukünftige Zugehörigkeit Schleswig-Holsteins fällt nicht in den Parlamenten, sondern auf dem Schlachtfeld und durch die internationale Diplomatie. Als Reaktion auf die Berufung einer national-liberalen Regierung in Kopenhagen wird in der Nacht vom 23. zum 24. März 1848 in Kiel eine „Provisorische Regierung” gebildet, die sogleich verkündet, sich der deutschen Einheitsbewegung anschließen zu wollen. Die Dänen betrachten die „Erhebung“ der Schleswig-Holsteiner als Aufruhr und reagieren mit einer militärischen Intervention.

Im März 1848 beginnt der erste deutsch-dänische Krieg, der 1851 mit der Niederlage der Schleswig-Holsteiner endet, nachdem Preußen 1849 auf Druck der europäischen Großmächte aus dem Krieg gegen Dänemark ausgeschieden ist und den Schleswig-Holsteinern die militärische Unterstützung entzogen hat.

Die Gründung der Reichs- oder Bundesflotte

Bei Beginn des ersten deutsch-dänischen Krieges im Frühjahr 1848 nimmt die dänische Flotte die Blockade der deutschen Küsten auf, wodurch der schutzlose deutsche Seehandel fast völlig zum Erliegen kommt.

Allein in den ersten Tagen nach Kriegsausbruch bringen die Dänen mehr als 50 deutsche Handelsschiffe auf.

Dies lässt den Ruf nach einer deutschen Marine laut werden, der sich bald zu einer wahren Flottenbegeisterung steigert. Am 14. Juni 1848 setzt die deutsche Nationalversammlung einen Beschluss der Bundesversammlung um und bewilligt die Gelder für den Aufbau der *Reichsflotte* genannten ersten deutschen Marine, die oft auch unzutreffend als *Bundesflotte* bezeichnet wird. Sie führt die schwarz-rot-goldene Flagge mit dem doppelköpfigen Reichsadler in der Gösch (linkes Obereck der Flagge). Parallel dazu beginnt auch Preußen 1848 mit dem Aufbau einer modernen Seestreitmacht.

Prinz Adalberts Denkschrift

Die neu gebildete Reichsregierung überträgt dem Handelsminister, dem Bremer Senator Arnold Duckwitz, einem energischen Marinebefürworter, die Leitung der Flotte. Eine seiner ersten Maßnahmen ist die Einberufung einer *Technischen Marinekommission* unter der Leitung Prinz Adalberts von Preußen, eines ausgewiesenen Marinefachmanns. In seiner Denkschrift über die Bildung einer deutschen Flotte skizziert Prinz Adalbert 1848 drei verschiedene Flottenmodelle:

1. eine defensive Küstenverteidigungsmarine (Ruderkanonenboote),
2. eine für eine offensive Verteidigung und Handelsschutz ausgelegte Marine (Fregatten),
3. eine selbstständige Seemacht nach britischem oder französischem Vorbild (Linienschiffe).

Prinz Adalbert selber tritt für die zweite Lösung ein, da sie die großen Seemächte nicht herausfordern, die zukünftige deutsche Marine aber zu einem geeigneten Bündnispartner für diese machen würde.

Der Aufbau der Bundesflotte

Trotz vieler Widrigkeiten nimmt der Aufbau der ersten gesamtdeutschen Marine allmählich konkrete Formen an. Zum Oberbefehlshaber wird Karl Rudolf Bromme, genannt „Brommy", ernannt, der mehr als 20 Jahre lang als Offizier in der griechischen Marine gedient hat.

Prinz Adalbert von Preußen (1811–1873), Vordenker der Reichsflotte, wurde 1849 der erste Oberbefehlshaber der Preußischen Marine.

Unter seiner Führung erreicht die sogenannte Bundesflotte schließlich eine Gesamtstärke von 27 Ruderkanonenbooten und zwölf größeren Kriegsschiffen, von denen die meisten Dampfschiffe sind.

Die preußischen Seestreitkräfte verbleiben hingegen aufgrund der politischen Spannungen zwischen Preußen und der Frankfurter Zentralgewalt unter preußischem Befehl.

Das Gefecht zwischen der deutschen Flotte und einem dänischen Geschwader vor Helgoland endete am 4. Juni 1849 ohne einen Sieger.

Das Gefecht von Helgoland 1849

Am 4. Juni 1849 trifft ein deutsches Geschwader unter dem Befehl von Kommodore Brommy nahe dem damals britischen Helgoland auf die dänische Segelkorvette VALKYRIEN. Um diplomatische Auseinandersetzungen mit Großbritannien zu vermeiden, bricht Brommy das für die deutschen Schiffe günstig verlaufende Gefecht vorzeitig ab und zieht sich zurück. Dies bleibt der einzige Vorstoß der Bundesflotte.

Kurz darauf weist die britische Regierung in einer Note darauf hin, dass ihr die schwarz-rot-goldene Flagge unbekannt sei. Tatsächlich hat es die deutsche Regierung versäumt, Großbritannien die neue Flagge anzuzeigen, die daher nur von einigen kleineren Staaten, aber nicht von der größten Seemacht der Welt anerkannt wird. Um außenpolitische Verwicklungen zu vermeiden, bleibt die Bundesflotte in der Folgezeit untätig vor Anker liegen.

Die schleswig-holsteinische Flottille

Auch die Schleswig-Holsteiner beginnen mit dem Aufbau eigener Seestreitkräfte. Die kleine, hauptsächlich aus Ruderkanonenbooten bestehende Flottille kann gegen die weit überlegene dänische Flotte einige Erfolge erringen.

Vor allem zeichnet sich die Schleswig-Holsteinische Flottille aber durch technische Innovationen aus. Mit dem Einsatz des dampfgetriebenen Schraubenkanonenbootes VON DER TANN, das wegen seiner Antriebsanlage zu den modernsten Kriegsschiffen seiner Zeit zählt, und dem Bau des BRANDTAUCHER genannten ersten prinzipiell funktionsfähigen U-Bootes weist sie weit in die Zukunft des Seekriegswesens. Nach der Niederlage gegen Dänemark 1851 wird die Schleswig-Holsteinische Flottille aufgelöst.

Obgleich die Schleswig-Holsteiner am Ende der dänischen Übermacht unterlegen sind, hat auch die dänische nationale Bewegung keinen wirklichen Sieg errungen. Statt der Eingliederung des Herzogtums Schleswig in das Königreich Dänemark erfolgt auf Druck der europäischen Großmächte die Wiederherstellung des dänischen Gesamtstaats. In den *Londoner Protokollen* von 1851/52 muss Dänemark völkerrechtlich verbindlich zusagen, auf einen Anschluss Schleswigs an das Königreich zu verzichten.

Das Ende der ersten gesamtdeutschen Marine

Mit der Ablehnung der deutschen Kaiserkrone durch König Friedrich Wilhelm IV. von Preußen scheitert 1849 der erste Versuch, einen deutschen Nationalstaat zu schaffen. Stattdessen wird der Deutsche Bund wiederhergestellt.

Am 2. April 1852 beschließt der Deutsche Bundestag die Auflösung der Bundesflotte. Die Mannschaften und Offiziere, darunter auch der Oberbefehlshaber, Konteradmiral Karl Rudolf Bromme, werden entlassen, zwei der Schiffe an Preußen abgegeben und die übrigen Schiffe sowie die Ausrüstung am 12. Dezember 1852 versteigert.

Am 31. März 1853 wird der offizielle Auflösungsbefehl erlassen. Dies ist das Ende der Bundesflotte. Die preußische Marine besteht dagegen weiter.

Die Korvetten BREMEN und HAMBURG der Bundesflotte

Am 12. Dezember 1852 wird die Bundesflotte versteigert.

Die Bundesflotte und die Deutsche Marine

Als gesamtdeutsche, vom Parlament kontrollierte, die schwarz-rot-goldene Flagge führende und von vornherein als bündnisfähig angelegte Seestreitmacht weist die Bundesflotte von 1848 zahlreiche Parallelen zur heutigen Deutschen Marine auf.

Aus diesem Grund sieht sich die Deutsche Marine in der Tradition der Bundesflotte von 1848. Seit 1998 wird daher in Erinnerung an den Beschluss des Frankfurter Paulskirchenparlaments zur Aufstellung der Bundesflotte alljährlich der 14. Juni als *Marinegeburtstag* begangen.

Von der preussischen zur Kaiserlichen Marine 1848–1871

Nicht die gesamtdeutsche Bundesflotte von 1848, sondern die gleichzeitig gegründete preußische Marine wird zum Vorläufer der späteren Kaiserlichen Marine. Ihre Aufgabe ist der Schutz der preußischen See- und Handelsinteressen. In den drei sogenannten Einigungskriegen, die 1871 zur Gründung des deutschen Kaiserreichs führen, spielt die noch im Aufbau befindliche Flotte keine Rolle.

Die Gründung der preussischen Marine

Am 5. September 1848 befiehlt König Friedrich Wilhelm IV. den Ausbau der seit 1815 bestehenden preußischen Marine. Damit sollen die See- und Handelsinteressen des wirtschaftlich aufstrebenden Königreichs Preußen geschützt werden.

Am 1. März 1849 wird Prinz Adalbert von Preußen zum *Oberbefehlshaber aller preußischen Kriegsfahrzeuge* ernannt. Als Hauptstützpunkt dient zunächst Danzig. Als erster Stützpunkt in der Nordsee wird 1853 das sogenannte Jadegebiet erworben. Hier entsteht ein Marinehafen, der 1869 den Namen Wilhelmshaven erhält.

Von 1859 bis 1862 unternimmt ein Geschwader der preußischen Marine erstmals eine mehrjährige Auslandsreise nach Ostasien, um Handelsverträge für Preußen und die norddeutschen Küstenländer abzuschließen. Am 2. September 1860 geht der Schoner FRAUENLOB in einem Taifun vor der japanischen Küste mit der gesamten Besatzung von 47 Mann verloren.

Obgleich die preußische Marine 1861 als Folge innenpolitischer Machtkämpfe dem vom Heer dominierten Kriegsministerium unterstellt wird, macht der Flottenaufbau Fortschritte.

Der Deutsch-Dänische Krieg

Ende 1863 eskaliert der Konflikt um Schleswig-Holstein erneut, als der neue dänische König Christian IX. eine gemeinsame Verfassung für Dänemark und Schleswig unterzeichnet. Damit verstößt Dänemark offen gegen die 1851/52 in den *Londoner Protokollen* getroffenen, völkerrechtlich verbindlichen Vereinbarungen. Dies bietet dem preußischen Ministerpräsidenten Otto von Bismarck die Rechtfertigung für einen Krieg gegen Dänemark, wobei sein eigentliches Ziel die Annexion der Herzogtümer Schleswig und Holstein durch Preußen ist.

Am 1. Februar 1864 überschreiten preußische und österreichische Truppen die Eider. Mit der Erstürmung der Düppeler Schanzen am 18. April 1864 durch die Preußen fällt faktisch die militärische Entscheidung. Im Frieden von Wien muss König Christian IX. von Dänemark im Oktober 1864 Schleswig-Holstein an Preußen und Österreich abtreten. Dies ist der erste Schritt auf Bismarcks Weg der Einigung Deutschlands unter Führung Preußens.

1865 wird Kiel preußischer Kriegshafen. Noch im gleichen Jahr wird die Marinestation der Ostsee mit allen Schiffen, Stäben und Landeinheiten von Danzig nach Kiel verlegt.

Die 1871 vom Stapel gelaufene Korvette ARIADNE ist einer der ersten Schiffsneubauten der Kaiserlichen Marine.

Das Gefecht von Helgoland

Mit Ausnahme eines kurzen Gefechts mit einem dänischen Geschwader vor Jasmund am 15. März 1864 spielt die preußische Flotte während des Krieges gegen Dänemark keine entscheidende Rolle. Erneut blockiert die dänische Flotte die deutschen Küsten an Nord- und Ostsee.

Am 9. Mai 1864 kommt es zum einzigen größeren Seegefecht des Krieges, als ein preußisch-österreichisches Geschwader unter dem Befehl von Admiral Wilhelm von Tegetthoff vor Helgoland auf ein überlegenes dänisches Blockadegeschwader trifft.

Der kurze, für beide Seiten verlustreiche Kampf endet mit dem Rückzug Tegetthoffs, doch sind die Dänen gezwungen, die Blockade der deutschen Nordseeküste aufzugeben. Das Treffen von Helgoland ist das letzte von hölzernen Kriegsschiffen ausgetragene Hochseegefecht.

Der Deutsche Krieg

Das sogenannte „Kondominium“, die zunächst gemeinsam, dann getrennt von den Preußen und Österreich ausgeübte Verwaltung in den Herzogtümern Schleswig und Holstein, dauert nur rund zwei Jahre. Die von Bismarck geschürten Kontroversen um die Zukunft der beiden Herzogtümer führen im Juni 1866 zum Krieg zwischen Preußen und Österreich, in dem es um die Vorherrschaft in Deutschland geht. Auch in diesem Krieg, der als „Preußisch-Österreichischer Krieg“ oder „Deutscher Krieg“ in die Geschichte eingegangen ist, spielt die preußische Marine keine Rolle.

In der Schlacht von Königgrätz am 3. Juli 1866 wird die österreichisch-sächsische Armee entscheidend geschlagen. Im Frieden von Prag tritt Österreich im August 1866 seine Rechte an den Herzogtümern an die siegreichen Preußen ab, die Schleswig und Holstein 1867 annektieren und als Provinz in das Königreich Preußen eingliedern. Auch das Königreich Hannover, das Herzogtum Nassau, das Kurfürstentum

Das unentschieden verlaufene Gefecht zwischen einem preußisch-österreichischen und einem dänischen Geschwader am 9. Mai 1864 vor Helgoland ist das einzigc bedeutende Seegefecht des Deutsch-Dänischen Krieges.

Hessen und die Freie Stadt Frankfurt, die auf Seiten Österreichs gekämpft haben, werden von Preußen annektiert.

Nach dem Sieg über Österreich wird der Deutsche Bund aufgelöst. An seine Stelle tritt der von Preußen dominierte Norddeutsche Bund, zu dem unter anderem auch Mecklenburg, Sachsen und die Hansestädte Lübeck, Hamburg und Bremen gehören. Damit ist der Weg frei für eine Neuordnung Deutschlands ohne Österreich.

Die Marine des Norddeutschen Bundes

Am 1. Oktober 1867 geht die preußische Marine in der neu gegründeten Marine des Norddeutschen Bundes auf. Kiel und Wilhelmshaven werden Bundeskriegshäfen.

Zugleich erhält die Flotte eine neue Flagge. Sie zeigt ein schwarzes Kreuz auf weißem Grund mit dem preußischen Adler im Mittelfeld sowie einer aus dem Schwarz-Weiß der preußischen Flagge und dem Rot-Weiß der Hansestädte gebildeten Trikolore mit dem Eisernen Kreuz in der Gösch (linkes Obereck). Mit geringen Änderungen wird diese Flagge bis 1921 von allen deutschen Kriegsschiffen geführt.

Am 15. Oktober 1867 bewilligt der Norddeutsche Reichstag den weiteren Ausbau der Flotte. Angesichts der noch im Aufbau befindlichen Werftindustrie in Deutschland müssen die ersten Panzerschiffe im Ausland gekauft werden, darunter auch die Panzerfregatte KÖNIG WILHELM, die bis 1891 das größte deutsche Kriegsschiff ist.

Der Krieg gegen Frankreich 1870/71

1870 bietet sich Bismarck die Gelegenheit, die Einigung Deutschlands unter preußischer Führung zu vollenden. Er nutzt einen Streit zwischen Preußen und Frankreich über die Kandidatur eines Hohenzollern für den spanischen Thron, um Frankreich zu provozieren.

Die 1866 in Dienst gestellte PRINZ ADALBERT ist eines der ersten Panzerschiffe der Preußischen Marine. Aufgrund seiner schlechten Seeeigenschaften erhält das in Frankreich gebaute Fahrzeug den Spitznamen „Der lahme Vetter". Bereits 1878 wird das Schiff abgewrackt.

Das Kanonenboot METEOR der Marine des Norddeutschen Bundes. Im einzigen Seegefecht des Deutsch-Französischen Krieges besiegt die METEOR am 9. November 1870 vor Kuba den französischen Aviso BOUVET.

Am 19. Juli 1870 erklärt Frankreich Preußen den Krieg, an dessen Seite sich nicht nur die Mitgliedstaaten des Norddeutschen Bundes, sondern auch die süddeutschen Länder stellen.

Der Krieg gegen Frankreich wird wiederum zu Land entschieden. Die Marine spielt erneut militärisch keine Rolle.

„Deutschlands Zukunft". Karikatur zur Deutschen Einigung unter preußischer Führung

Die Gründung des Deutschen Reichs

Nach dem Sieg über Frankreich wird 1871 das Deutsche Reich gegründet. Bismarck nutzt die durch den militärischen Erfolg entfachte nationale Begeisterung in Deutschland, um den angestrebten Zusammenschluss der süddeutschen Staaten mit dem Norddeutschen Bund zu erreichen. Es kommt zur Gründung des deutschen Kaiserreichs.

Am 18. Januar 1871 wird König Wilhelm I. von Preußen im Spiegelsaal des Schlosses von Versailles zum deutschen Kaiser ausgerufen. Ebenso wie der Norddeutsche Bund, dessen Verfassung fast unverändert übernommen wird, steht das neue Deutsche Reich von Anfang an unter preußischer Dominanz.

Die als Folge der Niederlage erzwungene Abtretung Elsass-Lothringens an Deutschland wird von der französischen Nation als Demütigung empfunden. Dadurch wird die Grundlage für eine dauerhafte Feindschaft zwischen Frankreich und dem Deutschen Reich gelegt.

Bismarcks Bündnissystem

Zeit seines Bestehens schwankt das Kaiserreich zwischen Vergangenheit und Moderne. Die soziale und politische Distanz zwischen Arbeiterschaft, Bürgertum und Adel ist kaum zu überbrücken. Hinzu kommen strukturelle Spannungen zwischen dem industriell geprägten Westen und dem agrarisch geprägten Osten, dem liberal-katholischen Süden und dem protestantisch-preußischen Norden. Ebenso wenig gelingt der von Liberalen und Sozialdemokraten geforderte Übergang zu einem parlamentarischen Regierungssystem nach dem Vorbild Englands und Frankreichs. Auch die mit der Industrialisierung verbundenen sozialen Probleme bleiben ungelöst. All diese Konflikte belasten die innere Einheit Deutschlands bis zum Ende des Kaiserreichs.

Bismarcks Aussenpolitik

Als Reichskanzler bemüht sich Bismarck, das Deutsche Reich im europäischen Mächtesystem zu etablieren. Das Ziel seiner Außenpolitik ist der Erhalt des Friedens und der Machtstellung des Deutschen Reichs. Vor allem fürchtet er angesichts des infolge der deutschen Reichsgründung labilen Mächtegleichgewichts in Europa einen Zweifrontenkrieg gegen Frankreich und Russland. Zugleich sucht Bismarck den Ausgleich mit England.

Die strategische Lage Deutschlands legt nahe, eine Konfrontation mit der Seemacht Großbritannien zu vermeiden – nicht zuletzt, da der aufblühende deutsche Überseehandel von der Sicherung der weltweiten Seewege durch die Royal Navy profitiert.

Bei seinem Bemühen, einen europäischen Krieg zu verhindern, stützt sich Bismarck auf ein System von einander zum Teil widersprechenden Bündnissen mit Österreich-Ungarn, Russland und Italien.

Die Kaiserliche Marine

Mit der Reichsgründung wird aus der Flotte des Norddeutschen Bundes die Kaiserliche Marine. Kiel und Wilhelmshaven werden zu Reichskriegshäfen.

Im Gegensatz zu den Heeren der deutschen Staaten (Preußen, Bayern, Württemberg und Sachsen) ist die Marine reichsunmittelbar, d. h. direkt dem Kaiser unterstellt.

Als eine der wenigen Reichsinstitutionen dient die Kaiserliche Marine von Anfang an auch als nationaler Integrationsfaktor. Während die Marine von den Konservativen abgelehnt wird, findet sie als Symbol der nationalen Einheit Anerkennung in liberalen Kreisen. Zudem ermöglicht die Kaiserliche Marine Angehörigen des Bürgertums den Zugang zum Offiziersberuf, der in der militaristisch geprägten Gesellschaft des Kaiserreichs höchstes Ansehen genießt.

Die Panzerfregatte PREUSSEN wird 1870 für die Marine des Norddeutschen Bundes auf Stapel gelegt und 1873 von der Kaiserlichen Marine in Dienst gestellt.

Die Anfänge der Kaiserlichen Marine 1871–1897

Nach der Gründung des Deutschen Reichs 1871 wird die Kaiserliche Marine zunächst den landmilitärischen Planungen untergeordnet. Ihre wichtigsten Aufgaben sind Küstenverteidigung und Handelsschutz. Mit dem Erwerb von Kolonien durch das Deutsche Reich verstärkt sich auch die Auslandstätigkeit der Kaiserlichen Marine.

Die Ära Stosch

Am 1. Februar 1872 werden die bisherigen Marinebehörden zur Kaiserlichen Admiralität zusammengefasst. Erster Chef der Admiralität wird der im Krieg gegen Frankreich bewährte Generalleutnant Albrecht von Stosch, da nach Ansicht der politischen Führung des Deutschen Reichs kein geeigneter Seeoffizier für diese Aufgabe zur Verfügung steht. Obgleich Infanterist, besitzt Stosch großes Verständnis für maritime Fragen.

Die Rolle der Kaiserlichen Marine

Die Aufgaben der Marine im Kriegsfall sieht die vom Heer dominierte deutsche militärische Führung in der Küstenverteidigung, dem Handelsschutz sowie in der Unterstützung der deutschen Landstreitkräfte. Angesichts dieser untergeordneten Rolle der Marine ist auch der Marinehaushalt bescheiden. Allerdings bewilligt der Reichstag 1873 den Bau von vier gepanzerten Ausfallkorvetten und elf Panzerkanonenbooten für den Küstenschutz.

Das 1877 vom Stapel gelaufene Panzerkanonenboot SCORPION gehört zu einer Klasse von elf Panzerkanonenbooten, die für die Küstenverteidigung in Nord- und Ostsee gebaut wurden. Da sie sich mit ihrem flachen Boden bei Ebbe im Watt trockenfallen lassen können, tragen die wenig seetüchtigen Fahrzeuge auch den Spitznamen „Wattwanzen“.

In den 1890er-Jahren beginnen alle großen Marinen damit, Schiffe nach einem einheitlichen Entwurf in Serie zu bauen. 1891 läuft die BRANDENBURG als Typschiff der ersten deutschen Klasse von vier hochseetauglichen Linienschiffen auf der Kaiserlichen Werft in Wilhemshaven vom Stapel.

Zugleich wird eine größere Anzahl ungepanzerter Schiffe für den Auslandsdienst gebaut. Zum Schutz der deutschen Handelsinteressen sind deutsche Kriegsschiffe in Afrika, in Amerika, in der Südsee und in Ostasien stationiert, was eine große Belastung für Schiffe und Besatzungen darstellt.

Technischer Wandel im Marineschiffbau

Bis in die 1870er-Jahre hinein wird ein Großteil der Kriegsschiffe auf ausländischen, vor allem britischen Werften gebaut. Allmählich entsteht jedoch in Deutschland eine leistungsfähige Werftindustrie, die in der Lage ist, moderne Kriegsschiffe aller Größen zu bauen und zu reparieren.

Der Kriegsschiffbau in den 1870er- und 1880er-Jahren ist vom technologischen Umbruch bestimmt. Neben dem endgültigen Übergang vom Segel- zum Dampfschiff kommt es zu einem Wettlauf zwischen Panzerschutz und der Durchschlagskraft der Geschütze. Die rapide Entwicklung von Dampfantrieb, Panzerung und Sprenggeschossen hat zur Folge, dass viele Kriegsschiffe zum Zeitpunkt ihrer Fertigstellung bereits technisch überholt sind.

Als beste Lösung für die Positionierung der schweren Geschütze erweist sich schließlich die Aufstellung in Drehtürmen vorn und achtern in Mittschiffslinie, wodurch die Kanonen in jede gewünschte Richtung geschwenkt werden können.

Um 1900 bilden in allen großen europäischen Marinen sogenannte *Einheitslinienschiffe* den Kern der Schlachtflotte. Sie tragen als Hauptbewaffnung vor und achtern je einen Drehturm mit zwei schweren Geschützen und fahren im Gefecht hintereinander in Kiellinie, da sie auf diese Weise ihre Artillerie einsetzen können, ohne sich gegenseitig zu behindern. Von dieser Taktik leitet sich die Bezeichnung *Linienschiff* ab. Bis 1918 werden die Schlachtschiffe der Kaiserlichen Marine offiziell als *Linienschiffe* bezeichnet.

Auch die effektive Reichweite der schweren Artillerie wird erheblich gesteigert. Bereits um 1880 beträgt die Schussweite der Geschütze bis zu 15 Kilometer. Dennoch liegt die Gefechtsentfernung wegen der unzureichenden Zielbeobachtung bei nur rund 2000 Metern. Aufgrund neuer Zielgeräte und -verfahren sind um 1900 bereits Gefechtsentfernungen von bis zu 4000 Metern möglich. Verbesserungen der optischen Messverfahren und der Richtgeräte (Feuerleitgeräte), mit deren Hilfe Kurs und Geschwindigkeit der gegnerischen Schiffe berechnet werden können, steigern die wirksame Reichweite der schweren Artillerie bis 1914 auf 20 000 Meter. Durch weitere Optimierungen wird gegen Ende des Ersten Weltkriegs bei einer Gefechtsentfernung von 15 bis 20 Kilometern eine Trefferquote von 5 Prozent erreicht, so dass ein Großkampfschiff mit hoher Wahrscheinlichkeit bereits innerhalb der ersten Minuten einen Treffer erzielen kann.

Neben den Linienschiffen entstehen seit den 1880er-Jahren weitere moderne Kriegsschifftypen. Kreuzer werden als Aufklärungsschiffe für die Schlachtflotte, zur Störung des gegnerischen Handels, zur Überwachung von Seewegen und im Kolonialdienst eingesetzt. Sie werden nach Größe (Kleine bzw. Große Kreuzer; nach 1918 Leichte bzw. Schwere Kreuzer) sowie nach Art der Panzerung (Ungeschützte Kreuzer, Geschützte Kreuzer und Panzerkreuzer) unterschieden. Torpedoboote sollen größere Kriegsschiffe mit ihren Torpedos angreifen. Die kleinen, schnellen und wendigen Boote operieren meist in kleinen Verbänden, zunächst vornehmlich in Küstennähe. Zur Abwehr feindlicher Torpedoboote sind sie mit kleinen Geschützen bewaffnet. Mit der Zeit werden die Torpedoboote größer, stärker bewaffnet und hochseetauglich. Aus ihnen entstehen im 20. Jahrhundert schließlich die modernen Zerstörer.

Die Kaiserliche Marineakademie in Kiel, heute Sitz des schleswig-holsteinischen Landtags

Der personelle Ausbau der Marine

Neben dem materiellen Ausbau der Kaiserlichen Marine bemüht sich Stosch auch um Verbesserungen in der Nachwuchsrekrutierung und der Ausbildung der Flotte.

Zugleich reformiert Stosch die Marineoffiziersausbildung. Unter anderem führt er das bis heute in der Deutschen Marine gültige Crew-System ein, die gemeinsame Ausbildung der Offizieranwärter eines Jahrgangs. So entsteht ein einheitliches Seeoffizierkorps mit starkem Zusammenhalt. Die Ausbildung der Marineingenieuroffiziere erfolgt in der Kaiserlichen Marine separat.

Im Gegensatz zum adelig geprägten Offizierkorps des preußischen Heeres stammen die meisten Marineoffiziere aus dem Bürgertum. Es findet eine strenge gesellschaftliche Auswahl statt. Deutsche jüdischen Glaubens oder Angehörige der Arbeiterschicht gelten als sozial unerwünscht und können daher nicht Seeoffizier werden. Die Ausbildungskosten müssen von den Eltern der Offizieranwärter getragen werden. Aufgrund des geringen Solds bleiben die jungen Offiziere bis zu ihrer Beförderung zum Oberleutnant zur See wirtschaftlich von ihren Eltern abhängig.

Die Marineoffizieranwärter werden zur Treue zum Kaiser erzogen; die Vermittlung tiefergehender politischer Kenntnisse ist nicht Gegenstand der Ausbildung. Die zukünftigen Marineoffiziere werden fachlich hervorragend geschult, erhalten aber keine Ausbildung in Menschenführung. Erst nach ihrer mehrjährigen Ausbildung übernehmen sie Führungsverantwortung und lernen daher erst sehr spät den Umgang mit Unteroffizieren und Mannschaften. Dieses Versäumnis erweist sich im Ersten Weltkrieg als

verhängnisvoll: Schlechte Menschenführung ist ein Auslöser der Flottenmeutereien von 1917 und 1918.

Auch die Marine ist Teil der streng hierarchischen Gesellschaftsordnung des Kaiserreichs. Sozial deutlich abgegrenzt stehen unter den *Seeoffizieren* die *Ingenieuroffiziere*, gefolgt von den technischen *Fachoffizieren*. Nicht mehr zur eigentlichen Offiziersklasse gehören dagegen die *Deckoffiziere*, Steuerleute und andere Spezialisten, auch wenn sie rangmäßig über den Unteroffizieren stehen. Sowohl die Fachoffiziere als auch die Deckoffiziere rekrutieren sich aus den Unteroffizieren.

Die Mannschaften der Kaiserlichen Marine bestehen zum Großteil aus Wehrpflichtigen. Neben Berufsseeleuten und Handwerkern werden vor allem Angehörige technischer Berufe, wie Schlosser, Metallarbeiter, Maschinisten und Elektriker, zur Kaiserlichen Marine eingezogen, um den Bedarf an qualifiziertem Personal zu decken. Die Wehrdienstzeit beträgt drei Jahre, wobei die Möglichkeit zur freiwilligen Weiterverpflichtung besteht, die auch den Aufstieg zum Unteroffizier ermöglicht. Junge Männer im Alter zwischen 15 und 18 Jahren können zudem als Schiffsjungen in die Kaiserliche Marine eintreten. Aus ihnen geht rund ein Viertel des seemännischen Berufspersonals hervor.

Die sozialen Spannungen zwischen Seeoffizieren, Ingenieuroffizieren, Deckoffizieren, Unteroffizieren und Mannschaften werden nie wirklich gelöst. Vor allem der langsame Aufstieg sorgt bei länger dienenden Mannschaften und Unteroffizieren für erhebliche Unzufriedenheit. Erst nach einer Dienstzeit von 18 bis 20 Jahren können Unteroffiziere den Rang eines Deckoffiziers erreichen.

Die Ausfallkorvette SACHSEN gehört zu der ersten Serie von vier gleichartigen Panzerschiffen, die auf deutschen Werften gebaut wird.

Das Ende der Ära Stosch

Am 31. Mai 1878 sinkt das Panzerschiff GROSSER KURFÜRST vor Folkestone bei einem missglückten Ausweichmanöver durch einen Rammstoß der Panzerfregatte KÖNIG WILHELM, wobei 269 Männer ihr Leben verlieren. Die Kritik richtet sich jedoch nicht gegen den Geschwaderchef, Admiral Carl Ferdinand Batsch, sondern gegen Stosch. Seine Gegner werfen ihm vor, die seemännische Ausbildung zugunsten des militärischen Drills vernachlässigt zu haben. Durch die politische Gegnerschaft zu Bismarck wird Stoschs Position als Chef der Admiralität weiter geschwächt. Die Konflikte mit Bismarck führen am 20. März 1883 zu seinem Rücktritt.

Vizeadmiral Albrecht von Stosch (1818–1896), erster Chef der Kaiserlichen Amiralität

Die Ära Caprivi

Neuer Chef der Admiralität wird Generalleutnant Leo von Caprivi. Angesichts des von ihm erwarteten Zweifrontenkrieges gegen Frankreich und Russland sieht Caprivi wie sein Vorgänger die Hauptaufgaben der Marine im defensiven Küsten- und Handelsschutz. Da sich der Reichstag gegen den weiteren Ausbau der Flotte entscheidet, orientiert sich Caprivi bei seinen Flottenplänen an den Seekriegstheorien der *Jeune École*, einer Gruppe französischer Marineoffiziere, die für kleinere Seemächte anstatt schwer bewaffneter Panzerschiffe den Einsatz zahlreicher leichter Seestreitkräfte anregen. Anstelle einer starken Schlachtflotte baut er daher Torpedoboote für den Schutz der deutschen Küsten und Kreuzer für den Handelskrieg.

Ungeachtet dieser Einschränkungen tut Caprivi sein Möglichstes, um die Marine durch Manöver und Gefechtsübungen einsatzfähig zu machen.

Das deutsche Kolonialreich

Nach anfänglichem Widerstand beginnt Bismarck Mitte der 1880er-Jahre, den Erwerb von sogenannten *Schutzgebieten* in Afrika und im Pazifik zu fördern. Die Ureinwohner der Schutzgebiete werden der deutschen Kolonialverwaltung unterworfen, jeder Widerstand wird durch militärische Strafexpeditionen niedergeschlagen.

Durch die koloniale Expansion des Deutschen Reichs verstärkt sich auch die Auslandstätigkeit der Kaiserlichen Marine. Zum Schutz deutscher Wirtschafts- und Kolonialinteressen werden Kriegsschiffe dauerhaft in afrikanischen, ostasiatischen und amerikanischen Gewässern stationiert. Dies veranlasst Caprivi, den Bau von Kreuzern für den Einsatz in Übersee fortzusetzen.

Sowohl die deutschen Kolonialtruppen als auch die Kaiserliche Marine werden wiederholt in Kämpfe mit der einheimischen Bevölkerung verwickelt. Unter anderem sind Marineangehörige im Jahre 1900 an der blutigen Niederschlagung des gegen die Kolonialmächte gerichteten Boxeraufstands in China beteiligt, ebenso wie an der Bekämpfung des Herero-Aufstands in Deutsch-Südwestafrika von 1904 bis 1908, wobei zwischen 75000 und 95000 Angehörige der afrikanischen Hirtenvölker der Herero und Nama einem regelrechten Vernichtungsfeldzug der deutschen Truppen zum Opfer fallen.

Zu keinem Zeitpunkt erfüllen sich die hochgesteckten Erwartungen hinsichtlich der wirtschaftlichen Bedeutung der deutschen Kolonien. Ebenso wenig bieten sie der Kaiserlichen Marine strategisch wichtige Stützpunkte. Zugleich kommt es durch koloniale Konflikte immer wieder zu politischen Krisen zwischen den europäischen Großmächten. Sie sind entscheidende Schritte auf dem Weg in den Ersten Weltkrieg. Nach der Niederlage im Ersten Weltkrieg muss das Deutsche Reich im Versailler Vertrag von 1919 alle Kolonien abtreten.

In den 1870er-Jahren werden Torpedoboote als neuer Kriegsschiffstyp eingeführt. Die schnellen und wendigen Fahrzeuge operieren meist in kleinen Verbänden.

Kaiser Wilhelm II. und die Marine

Der Regierungsantritt Kaiser Wilhelms II. im Jahre 1888 hat eine grundlegende Neuausrichtung der deutschen Marinepolitik zur Folge. Eine seiner ersten Amtshandlungen ist die Ablösung Caprivis als Chef der Admiralität. Anstelle von Generalen treten nun Marineoffiziere an die Spitze der Flotte.

Der marinebegeisterte Monarch hat sich den Ausbau der Kaiserlichen Marine zum Ziel gesetzt. Obgleich er bereits 1888 den Bau von vier Panzerschiffen als Kern einer zukünftigen Schlachtflotte anordnet, liegt der Schwerpunkt zunächst bei der Schaffung einer starken Kreuzerflotte. Sie soll im Kriegsfall den feindlichen Handel stören und im Frieden zur Wahrnehmung deutscher Interessen in Übersee dienen. So wird ab 1895 eine Anzahl Kreuzer ständig in Ostasien stationiert.

Ab 1898 wird zudem die chinesische Hafenstadt Tsingtau als Teil des deutschen Pachtgebietes Kiautschou zum Marinestützpunkt ausgebaut.

Kaiser Wilhelm II. (1859–1941; reg. 1888–1918) setze sich den Ausbau der Kaiserlichen Marine zum Ziel.

Die Entlassung Bismarcks

Auch außenpolitisch hat der Thronwechsel Folgen. Die Konflikte zwischen dem jungen Kaiser Wilhelm II. und Reichskanzler Otto von Bismarck, der seine Machtstellung zu behaupten sucht, enden 1890 mit dessen Entlassung. Zum neuen Reichskanzler ernennt der Kaiser den ehemaligen Marinechef Leo von Caprivi, der das von Bismarck geschaffene System aus verschiedenen, einander teilweise widersprechenden Bündnissen zugunsten einer engen Allianz mit Österreich-Ungarn aufgibt.

Kaiser Wilhelm II. als Oberbefehlshaber

1889 löst Kaiser Wilhelm II. die Admiralität als oberste Kommando- und Verwaltungsbehörde auf, um seinen direkten Einfluss auf die Marine zu stärken. Die Flotte wird fortan vom Oberkommando befehligt, während das Reichsmarineamt für alle technischen und administrativen Belange der Marine verantwortlich ist.

1899 erfolgt eine weitere Dezentralisierung der Befehlsstruktur der Kaiserlichen Marine. Kaiser Wilhelm II. übernimmt jetzt persönlich den Oberbefehl über die Marine. Ihm direkt unterstellt sind der Admiralstab, das Reichsmarineamt, die Stationskommandos in Kiel und Wilhelmshaven sowie weitere Dienststellen. Dies sorgt in der Folgezeit für Machtkämpfe und Kompetenzstreitigkeiten zwischen den Kommandobehörden, wobei das Reichsmarineamt unter Admiral Tirpitz schließlich als stärkste Institution aus diesem internen Konflikt hervorgeht.

Während des Ersten Weltkriegs zeigt sich, dass die Zersplitterung der Marineführung eine vernünftige militärische Planung unmöglich macht. Erst kurz vor Kriegsende wird im August 1918 eine oberste Seekriegsleitung gebildet, an deren Spitze der Chef des Admiralstabs steht.

Bei der Auswahl geeigneter Seeoffiziere für die Verwendung in höheren Kommandopositionen werden taktische Fähigkeiten und praktische Seemannschaft höher bewertet als operatives und strategisches Verständnis. Auch Patronage beziehungsweise das Wohlwollen des Kaisers und der Vorgesetzten sind wichtige Voraussetzungen für den Aufstieg in höhere Dienstränge. Die einseitigen Auswahlkriterien führen zusammen mit Versäumnissen in der Aus- und Weiterbildung der Seeoffiziere im Ersten

Das Linienschiff SCHLESWIG-HOLSTEIN im Kaiser-Wilhelm-Kanal beim Passieren der Levensauer Hochbrücke.

Weltkrieg zu einem Mangel an qualifizierten Admiralstabsoffizieren sowie zu Defiziten bei der operativen und strategischen Führung des Seekriegs.

Der Nord-Ostsee-Kanal

Im Juni 1895 eröffnet der schifffahrts- und marinebegeisterte Kaiser Wilhelm II. nach achtjähriger Bauzeit den zu Ehren seines Großvaters, Kaiser Wilhelm I., benannten Kaiser-Wilhelm-Kanal.

Die fast 100 Kilometer lange künstliche Wasserstraße von Holtenau an der Kieler Förde nach Brunsbüttel an der Elbe ist das größte Verkehrsprojekt, das je in Schleswig-Holstein verwirklicht wurde. Der neue Kanal ist neun Meter tief und besitzt eine Breite von 22 Metern am Grund und von 67 Metern am Wasserspiegel.

Diese Dimensionen sind für die damalige Handelsschifffahrt ausreichend, für die ständig größer werdenden Kriegsschiffe aber schon bald zu klein. Ausgerechnet die Kaiserliche Marine, die ursprünglich dem Kanalprojekt skeptisch gegenübergestanden hatte, fordert nun den weiteren Ausbau des Kanals. Die Marineführung hat den strategischen Wert des Kanals erkannt, der im Kriegsfall eine rasche und vom Feind ungestörte Verschiebung der Flotte zwischen Nord- und Ostsee ermöglicht.

Von 1907 bis 1913 wird der Kaiser-Wilhelm-Kanal um zwei Meter vertieft, die Sohlenbreite wird verdoppelt und die Spiegelbreite auf 102 Meter erweitert – ohne dass der Schifffahrtsbetrieb eingestellt werden muss. Ebenso entstehen in Brunsbüttel und Holtenau neue Schleusen, die bis heute in Betrieb sind. Sie sind groß genug für die modernen Großkampfschiffe der Kaiserlichen Marine.

Heute ist der Nord-Ostsee-Kanal, wie er seit 1948 heißt, die meistbefahrene künstliche Wasserstraße der Welt.

Die Flottenrüstung unter Tirpitz 1897–1914

Alfred von Tirpitz ist der Flottenbaumeister der Kaiserlichen Marine. Während seiner Amtszeit als Staatssekretär im Reichsmarineamt steigt Deutschland zur zweitstärksten Seemacht der Welt auf. Das ehrgeizige Flottenbauprogramm führt in ein verhängnisvolles Wettrüsten mit Großbritannien und fördert die außenpolitische Isolierung des Deutschen Reichs.

Alfred von Tirpitz (1849–1930), der Flottenbaumeister der Kaiserlichen Marine

Tirpitz wird Staatssekretär im Reichsmarineamt

Am 15. Juni 1897 wird Konteradmiral Alfred Tirpitz (ab 1900 „von Tirpitz") zum Staatssekretär im Reichsmarineamt und damit faktisch zum „Marineminister" ernannt.

Seine Berufung fällt zusammen mit einem grundlegenden Kurswechsel der deutschen Außenpolitik. Während Bismarck das Deutsche Reich als europäische Kontinentalmacht betrachtet hatte, soll es nach dem Willen Kaiser Wilhelms II. nun auch zur See- und Weltmacht werden.

Für den Schutz der deutschen Machtinteressen wird der Aufbau einer starken Flotte für notwendig gehalten. Beeinflusst von den Schriften des amerikanischen Marineoffiziers und Seekriegstheoretikers Alfred Thayer Mahan, ist Tirpitz der Überzeugung, dass Deutschland eine starke Schlachtflotte benötigt. In einem Satz besagt die Lehre Mahans: *„Seemacht ist Weltmacht."*

Auch der Flottenenthusiast Wilhelm II. hat Mahans Gedanken intensiv studiert und findet nun in Tirpitz einen verwandten Geist.

Die Risikotheorie und der Flottenbau

Bereits kurz nach seinem Amtsantritt legt Tirpitz dem Kaiser eine Denkschrift vor, in der er feststellt, dass England der gefährlichste Gegner Deutschlands sei. Aus diesem Grund sei der Aufbau einer kampfkräftigen Schlachtflotte in der Nordsee unbedingt erforderlich. Dadurch soll ein Krieg mit dem Deutschen Reich für die britische Flotte zu einem unkalkulierbaren Risiko werden, weshalb Tirpitz' strategisches Konzept auch als *Risikogedanke* und die deutsche Schlachtflotte als *Risikoflotte* bezeichnet wird.

Die deutsche Schlachtflotte ist in erster Linie eine politische Waffe. Ihre bloße Existenz soll Großbritannien zu Zugeständnissen bewegen und die außenpolitische Machtstellung des Deutschen Reichs festigen. Käme es dennoch zum Krieg mit Großbritannien, soll

Ein Linienschiff der Kaiserlichen Marine in der Ausrüstung. Ein Rohr der schweren Artillerie wird in den vorderen Geschützturm eingesetzt.

eine Entscheidungsschlacht in der Nordsee über Sieg oder Niederlage bestimmen.

Dass der Traum von der deutschen Weltmacht nur durch die Herausforderung Großbritanniens zu verwirklichen ist, ignoriert Tirpitz ebenso wie das Problem der geostrategischen Lage des Deutschen Reichs: Im Kriegsfall können die Briten alle Zugänge zum Nordatlantik blockieren, wodurch der Operationsbereich der deutschen Flotte auf die Nord- und Ostsee beschränkt werden würde. Aufgrund des konstruktionsbedingt geringen Aktionsradius der für den Einsatz in der südlichen Nordsee vorgesehenen deutschen Großkampfschiffe ist die Hochseeflotte nicht in der Lage, diese Blockade zu durchbrechen. Ohnehin verfügt die deutsche Flotte über keinerlei Stützpunkte außerhalb der Nordsee, die als Operationsbasis genutzt werden können.

Das 1. Flottengesetz

Mit tatkräftiger Unterstützung durch Kaiser Wilhelm II. nimmt Tirpitz die Aufrüstung der Marine zielstrebig in Angriff.

Bereits 1898 passiert das 1. Flottengesetz den Reichstag: Bis 1904 sollen 19 Linienschiffe, acht Küstenpanzerschiffe sowie zwölf Große und 30 Kleine Kreuzer gebaut werden. Durch den Bau von typgleichen Linienschiffen soll die Grundlage einer zukünftigen Schlachtflotte geschaffen werden, deren Finanzierung durch das Flottengesetz auf eine sichere Grundlage gestellt wird. Zugleich wird auch das Personal der Marine

Die Germania-Werft in Kiel um 1900. Dank der Marine und der zahlreichen Werften wurde aus der kleinen Hafenstadt Kiel innerhalb von drei Jahrzehnten eine moderne Großstadt.

vergrößert, ebenso werden die Hafenanlagen, Werften und Ausbildungseinrichtungen ausgebaut.

Der Reichstag verzichtet dabei bis zum Erreichen der vorgesehenen Flottenstärke auf die sonst übliche jährliche Neubewilligung der für den Flottenbau vorgesehenen Mittel. Faktisch bedeutet dies eine (Selbst-) Beschränkung des Budgetrechts des Parlaments.

Das 2. Flottengesetz

Zunächst empfindet Großbritannien die deutsche Seerüstung nicht als Bedrohung. Doch am 12. Juni 1900 verabschiedet der Reichstag ein 2. Flottengesetz, das faktisch eine Verdoppelung der Flottenstärke vorsieht und damit Deutschland zur zweitgrößten Seemacht der Welt machen würde. Zugleich wird der Risikogedanke zur offiziellen strategischen Begründung der deutschen Marinerüstung. Damit tritt offen zu Tage, dass die deutsche Flottenrüstung letztendlich gegen Großbritannien gerichtet ist.

Gleichsam als Belohnung erhebt Kaiser Wilhelm II. seinen Marinestaatssekretär am Tag der Verabschiedung des 2. Flottengesetzes als Alfred von Tirpitz in den preußischen Erbadel. Im Juni 1903 erfolgt seine Beförderung zum Admiral, 1911 seine Ernennung zum Großadmiral.

Das deutsch-britische Marinewettrüsten

Die sich beschleunigende deutsche Marinerüstung bereitet der britischen Admiralität zunehmend Sorgen. Daher beginnt nun auch Großbritannien, seine

Der „Kieler Knabenanzug" wird zum Symbol für die Flottenbegeisterung und prägt für Jahrzehnte die Kindermode.

Flotte zu verstärken, was zu einem maritimen Wettrüsten mit dem Deutschen Reich führt. Sowohl in Deutschland als auch in Großbritannien wird dieser Rüstungswettlauf von nationalistischen Pressekampagnen begleitet.

Den Anhängern Tirpitz' erscheint die britische Marinerüstung als Beweis für die Notwendigkeit des Flottenbaus. So erschafft sich die deutsche Flotte ihren Gegner gleichsam selbst. Allerdings ist die von Tirpitz massiv vorangetriebene maritime Aufrüstung in Deutschland nicht unumstritten. Selbst innerhalb der Kaiserlichen Marine gibt es Kritik am Schlachtflottenbau. So bemerkt Vizeadmiral Iwan Friedrich Julius Oldekop über Tirpitz: *„Die Marine ist in den Händen eines gewissenlosen, ehrsüchtigen Spekulanten, dessen Flottenvergrößerungspläne die Marine ins Unglück bringen müssen."* Doch weder Tirpitz noch Kaiser Wilhelm II. lassen sich von solcher Kritik bei ihren Flottenbauplänen beirren. Oldekop und andere Kritiker werden vorzeitig in den Ruhestand versetzt.

Um die deutsche Öffentlichkeit für seine Ziele zu mobilisieren und politischen Druck auf den Reichstag auszuüben, baut Tirpitz eine hoch professionelle Propagandamaschinerie auf. Eine wichtige Rolle spielt dabei der 1898 von Tirpitz mitgegründete *Deutsche Flottenverein*, den die sozialdemokratische Zeitung „Vorwärts" treffend als *„Hurra-Reklame für die Flottenvermehrung"* bezeichnet. Tatsächlich gelingt es dem Flottenverein, breite Bevölkerungsteile und vor allem das Bürgertum für den Schlachtflottenbau zu begeistern.

Das Deutsche Reich gerät in die aussenpolitische Isolation

Das deutsch-britische Flottenwettrüsten hat für das Deutsche Reich schwerwiegende außenpolitische Folgen.

1904 schließen England und Frankreich die *Entente cordiale*. Obgleich sich dieses herzliche Einverständnis zunächst nur auf die Beilegung der kolonialen Dispute der beiden Mächte bezieht und – zumindest anfänglich – nicht direkt gegen das Deutsche Reich gerichtet ist, wird das Mächtegleichgewicht in Europa dadurch entscheidend verschoben. Die deutsche Staatsführung muss feststellen, dass sich die politische Lage in Europa – nicht zuletzt als Folge der massiven Flottenrüstung – deutlich zu ihren Ungunsten verändert hat.

1907 schließen Großbritannien, Frankreich und Russland die sogenannte *Tripelentente*, was in Deutschland als Einkreisung durch feindliche Mächte empfunden wird. Das Deutsche Reich gerät in der Folgezeit immer mehr in die außenpolitische Isolation, wozu auch das undiplomatische Verhalten Kaiser Wilhelms II. sowie die ungeschickte deutsche Außenpolitik unter Reichskanzler Bernhard von Bülow beitragen.

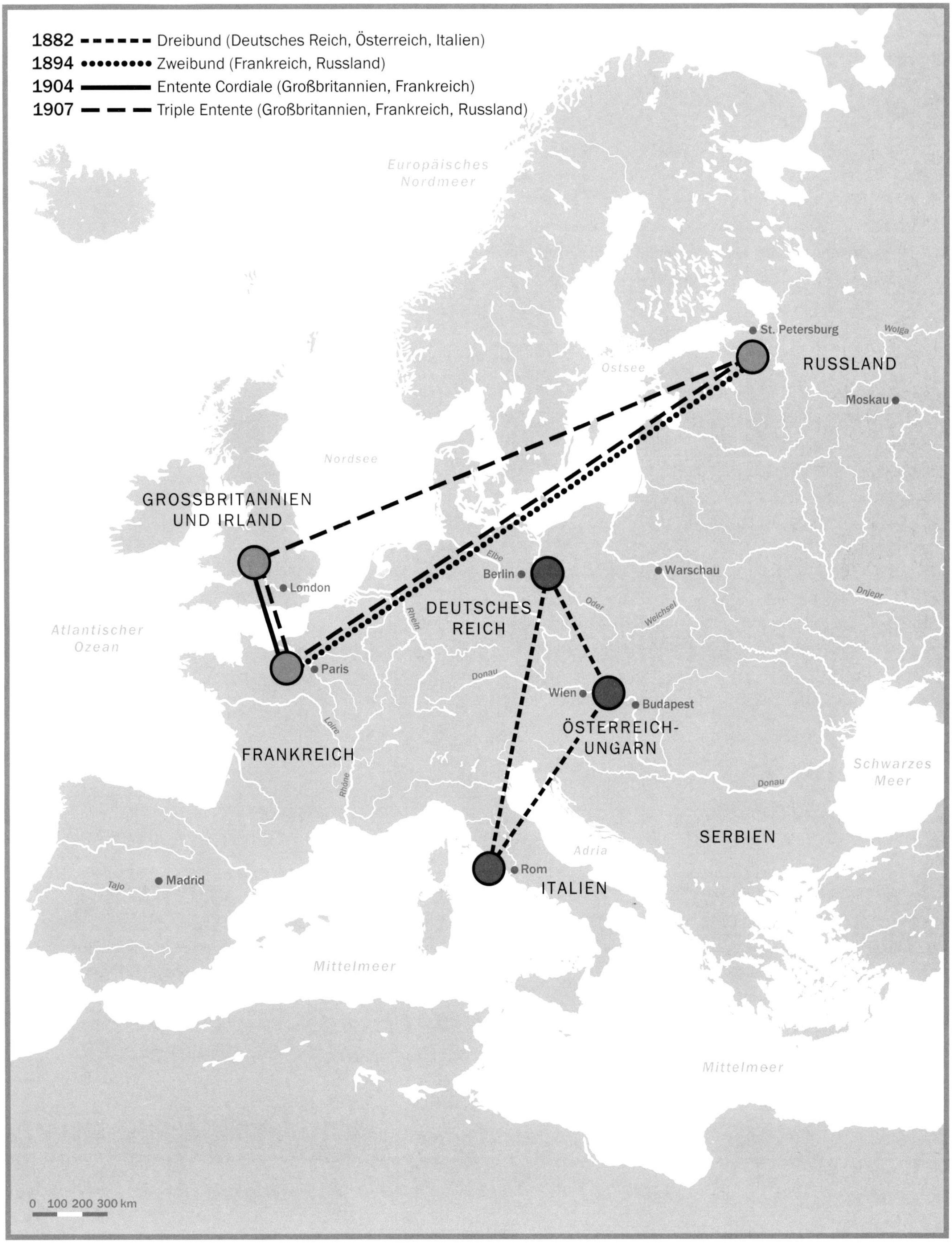

Das deutsch-britische Flottenwettrüsten hat schwerwiegende außenpolitische Folgen. 1904 schließen England und Frankreich die Entente cordiale, die 1907 zur Tripelentente mit Russland erweitert wird. Deutschland gerät in der Folgezeit immer mehr in die außenpolitische Isolation. Der wichtigste deutsche Bündnispartner ist Österreich-Ungarn.

Der Dreadnought-Sprung

1905 tritt das maritime Wettrüsten in eine neue Phase ein, als in Großbritannien das Linienschiff DREADNOUGHT vom Stapel läuft, das stärker und schneller als alle seine Vorgänger ist. Als Prototyp des modernen Schlachtschiffes besitzt das Schiff eine Hauptbewaffnung von zehn 30,5cm-Geschützen in fünf Doppeltürmen. Die deutschen Linienschiffe verfügen dagegen nur über eine schwere Artillerie von vier 28cm-Kanonen.

Zeitgleich entwickeln die Briten den Schlachtkreuzer, einen Schiffstyp, der ebenso stark bewaffnet, aber leichter gepanzert und daher schneller ist als die neuen Schlachtschiffe. Durch die neuen Großkampfschiffe werden die älteren Linienschiffe, Panzerkreuzer und Großen Kreuzer mit einem Schlag militärisch entwertet.

Das Wettrüsten verschärft sich

Mit der Ergänzung des 2. Flottengesetzes durch die Flottennovelle von 1906 beginnt auch das Deutsche Reich mit dem Bau von modernen Schlachtschiffen und Schlachtkreuzern. 1908 läuft mit der NASSAU das erste nach dem Vorbild der DREADNOUGHT gebaute deutsche Großkampfschiff vom Stapel.

Ab 1906 stellt die Kaiserliche Marine auch die ersten U-Boote in Dienst. In den folgenden Jahren wird die Entwicklung von kampftauglichen U-Booten stetig vorangetrieben.

Durch die Flottennovellen von 1908 und 1912 wird die geplante Stärke der Kaiserlichen Marine noch einmal erhöht. Dadurch wird der deutsch-britische Rüstungswettlauf weiter angeheizt. Zusammen mit der gleichzeitigen Aufrüstung des Heeres führt der Flot-

Die NASSAU, das erste nach dem Vorbild der DREADNOUGHT gebaute deutsche Schlachtschiff tenbau zu einer rasanten Verschuldung des Reiches. Doch trotz aller Anstrengungen ist der Vorsprung der Briten im Schlachtschiffbau von den Deutschen nicht mehr aufzuholen. Damit ist der maritime Rüstungswettlauf für das Deutsche Reich faktisch verloren. Überdies wird ab 1913 der Marineetat zugunsten einer stark vermehrten Heeresrüstung erheblich eingeschränkt.

Auch personell wird die Kaiserliche Marine weiter verstärkt. Um genügend Offiziere ausbilden zu können, wird 1910 die neue Marineschule in Flensburg-Mürwik eingeweiht. Der Beruf des Marineoffiziers genießt in der militaristisch geprägten Gesellschaft des kaiserlichen Deutschlands hohes Ansehen. Im Gegensatz zum aristokratisch geprägten Offizierskorps des preußischen Heeres stammt die überwiegende Zahl der Marineoffiziere aus dem Bürgertum.

Das deutsch-englische Flottenwettrüsten: „Wie sollen wir uns da die Hand geben?" Zeitgenössische Karikatur aus dem Simplicissimus.

Der Weg in den Krieg

Ungeachtet aller Flottenbegeisterung gibt es auch kritische Stimmen wie den jüdischen Reeder und Kaiserfreund Albert Ballin, nach dessen Ansicht eine Verständigung mit Großbritannien für die Sicherheit der deutschen Schifffahrt wichtiger ist als der Flottenbau. Auch innerhalb und im Umfeld der Kaiserlichen Marine gibt es nach wie vor Kritik am Flottenbau. Theobald von Bethmann Hollweg, seit 1909 Reichskanzler, steht Tirpitz und dessen Flottenbauplänen ebenfalls skeptisch gegenüber.

Sowohl von britischer als auch von deutscher Seite gibt es wiederholt Versuche, das Wettrüsten zu beenden und zu einer Vereinbarung über eine Begrenzung der Flotte zu kommen. Alle Verhandlungen bleiben jedoch erfolglos. Im Jahre 1912 scheitert ein letzter Verständigungsversuch des britischen Kriegsministers Richard B. Haldane an der Weigerung des Kaisers, über „seine Flotte" zu verhandeln.

Auch wenn der Schlachtflottenbau nicht als eigentliche Kriegsursache gelten kann, trägt die massive Aufrüstung der Kaiserlichen Marine gleichwohl zur Verschärfung der ohnehin angespannten politischen Situation in Europa bei, die 1914 im Ausbruch des Ersten Weltkriegs mündet.

Der Erste Weltkrieg 1914–1918

Bei Kriegsausbruch 1914 erweist sich Tirpitz' Konzept der Risikoflotte als Fehlschlag. Die abschreckende Wirkung der deutschen Schlachtflotte versagt. Großbritannien tritt auf der Seite Frankreichs in den Krieg ein. Statt wie erwartet die Entscheidungsschlacht mit der deutschen Flotte zu suchen, errichtet die britische Marine eine Fernblockade in der Nordsee. Diese ist von den deutschen Seestreitkräften aufgrund des geringen Aktionsradius der Hochseeflotte nicht zu brechen. Zugleich führt das Deutsche Reich zu Land gegen Frankreich und Russland einen Zweifrontenkrieg, der nicht gewinnbar ist.
Mit Ausnahme der Skagerrakschlacht im Mai 1916 beschränken sich die Aktivitäten der Kaiserlichen Marine im Wesentlichen auf den U-Boot-Krieg und Vorstöße von Torpedobooten und Kreuzern. Der Uneingeschränkte U-Boot-Krieg führt 1917 zum Kriegseintritt der USA auf Seiten der Alliierten. Die Matrosenmeuterei markiert im November 1918 das Ende der Monarchie in Deutschland.

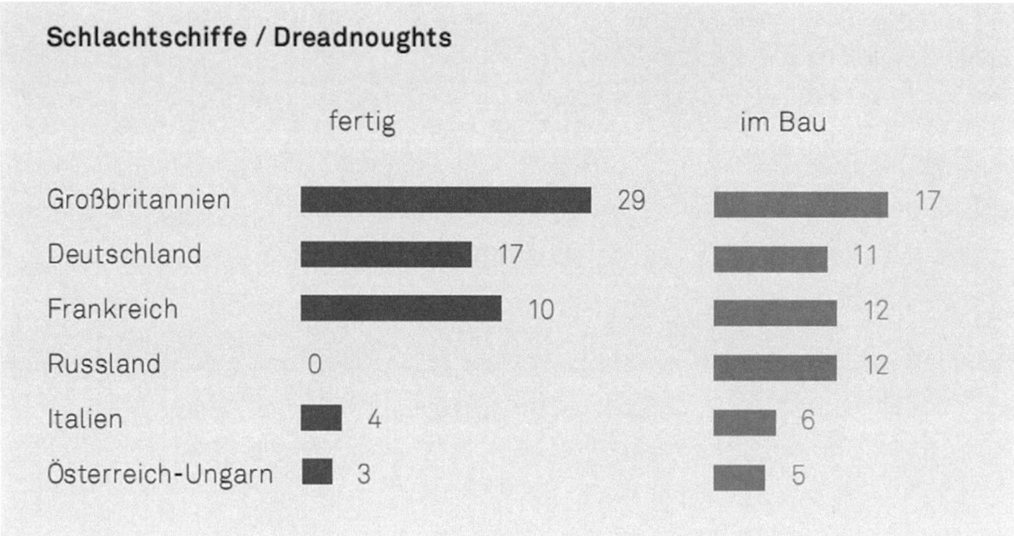

Das Kräfteverhältnis der europäischen Schlachtflotten bei Kriegsausbruch 1914

Die Lage bei Kriegsausbruch

Seit dem ausgehenden 19. Jahrhundert haben sich die Konflikte unter den europäischen Großmächten immer weiter zugespitzt. 1914 zerfällt Europa in zwei hochgerüstete Lager. Den Mittelmächten Deutschland und Österreich-Ungarn stehen die Entente-Mächte Frankreich, Großbritannien und Russland gegenüber, als aus der durch das Attentat von Sarajewo ausgelösten Balkankrise ein Krieg wird, der im August 1914 rasch alle europäischen Großmächte und schließlich fast die ganze Welt erfasst.

Die Ermordung des österreichisch-ungarischen Thronfolgers Erzherzog Franz Ferdinand durch serbische Nationalisten am 28. Juni 1914 ist jedoch lediglich der äußere Anlass für den Krieg. Der eigentliche Grund ist das mangelhafte Krisenmanagement der Großmächte. Insbesondere die bedingungslose Unterstützung Österreichs durch das Deutsche Reich ungeachtet der Gefahr eines Eingreifens Russlands und Frankreichs in den Konflikt erweist sich schließlich als verhängnisvoll. Keine der Großmächte will einen gesamteuropäischen Krieg, doch unternimmt auch keine Seite ernsthafte Anstrengungen, um ihn zu verhindern. So nimmt das Deutsche Reich das Risiko eines bewaffneten Konfliktes der europäischen Großmächte bereitwillig in Kauf, als es Anfang August 1914 Russland und Frankreich den Krieg erklärt.

Der Krieg zu Land

Als es Anfang August 1914 zum Kriegsausbruch kommt, sieht sich das Deutsche Reich mit einem Zweifrontenkrieg konfrontiert, den es aus wirtschaftlichen und militärischen Gründen nicht gewinnen kann. Die strategischen Planungen der deutschen militärischen Führung sind auf eine kurze Kriegsdauer ausgerichtet.

Weil es der deutsche Generalstab versäumt hat, einen Operationsplan für einen Krieg gegen Russland auszuarbeiten, greift man auf den sogenannten Schlieffen-Plan von 1905 zurück. Dieser sieht einen schnellen Sieg über Frankreich vor, um dann alle Kräfte gegen Russland zu werfen. Dabei soll das deutsche Heer mit einem Flankenangriff über das neutrale Belgien die französischen Verteidigungsstellungen umgehen. Als Folge der Verletzung der Neutralität Belgiens durch das Deutsche Reich wird England auf der Seite Frankreichs und Russlands in den Krieg hineingezogen.

Schon nach kurzer Zeit bleibt die deutsche Anfangsoffensive in Frankreich an der Marne stecken. Anstatt des erwarteten kurzen Waffengangs entwickelt sich der Krieg zu einem jahrelangen, von erbarmungslosem Stellungskrieg, Materialschlachten und Menschenverlusten in bis dahin unbekannter Höhe gekennzeichneten Ringen, dessen blutige Höhepunkte die Schlachten von Verdun, an der Somme und in Flandern sind. Als sogenanntes Marinekorps Flandern nehmen Angehörige der Kaiserlichen Marine an vielen dieser Kämpfe teil.

Die deutsche Schlachtflotte in Wilhelmshaven

Auch an der Ostfront erstarrt der Kampf nach dem deutschen Sieg über eine überlegene russische Streitmacht in der Schlacht von Tannenberg Ende August 1914 und der Eroberung von Litauen, Kurland und Polen im Sommer 1915 schließlich teilweise zum Stellungskrieg.

Der Seekrieg spielt gegenüber dem Landkrieg eine selbstständige, wenn auch untergeordnete Rolle. Ein schwerwiegendes Problem der deutschen Kriegführung ist die mangelnde Abstimmung zwischen Heer und Marine. Zugleich fehlt es der deutschen militärischen Führung an einer Gesamtstrategie.

Der Seekrieg spielt gegenüber dem Landkrieg eine selbstständige, wenn auch untergeordnete Rolle. Dabei zeigt sich, dass die Zersplitterung der Marineführung eine vernünftige militärische Planung unmöglich macht und der kleine Admiralstab die an ihn herangetragenen Aufgaben personell kaum bewältigen kann. Dennoch wird erst kurz vor Kriegsende eine oberste Seekriegsleitung gebildet. Im August 1918 wird der Chef des Admiralstabs, Admiral Reinhard Scheer, nach der Reorganisierung der bis dahin auf verschiedene Dienststellen zersplitterten deutschen Flottenführung faktisch zum Oberbefehlshaber der Kaiserlichen Marine ernannt.

Der Krieg zur See

Bei Ausbruch des Ersten Weltkrieges im August 1914 ist die Kaiserliche Marine nach der britischen Royal Navy die zweitstärkste Flotte der Welt. Das Deutsche Reich verfügt über 19 moderne Schlachtschiffe gegenüber den 22 britischen Dreadnoughts. Auf beiden Seiten befinden sich weitere Großkampfschiffe und zahlreiche kleinere Kriegsschiffe im Bau.

Die britischen Schlachtschiffe der Grand Fleet haben ihre Basis in Scapa Flow auf den Orkney-Inseln. Von hier aus bedrohen sie als sogenannte „Fleet in being“ die deutsche Hochseeflotte: Durch ihre bloße Existenz zwingt die Grand Fleet die deutschen Schlachtschiffe in die strategische Defensive.

Die deutsche Hochseeflotte hat ihren Stützpunkt in Wilhelmshaven, kleinere Einheiten sind in Cuxhaven und Emden stationiert. Hinzu kommen Vorpostenfahrzeuge auf Helgoland und Sylt.

Die Deutsche Bucht wird von der Kaiserlichen Marine durch ausgedehnte Minenfelder geschützt. Der Handelskrieg spielt zunächst eine untergeordnete Rolle, da man von einer kurzen Kriegsdauer ausgeht und das Potential des U-Bootes als Handelsstörer noch nicht erkannt hat.

Deutsche Seeleute entschärfen eine russische Mine in der Ostsee.

Der Seekrieg in der Nordsee

Die Royal Navy besitzt bei Kriegsausbruch die Seeherrschaft. Ihre wichtigste Aufgabe ist die Sicherung der britischen Versorgungswege. Die von der deutschen Marineführung erwartete Entscheidungsschlacht in der Nordsee bleibt aus. Stattdessen errichten die Briten eine Fernblockade. Sie sperren die Zufahrtswege zum Nordatlantik, um das Deutsche Reich vom Nachschub an Lebensmitteln und Rohstoffen abzuschneiden.

Diese Fernblockade ist von den deutschen Seestreitkräften aufgrund des geringen Aktionsradius der Hochseeflotte nicht zu brechen. Der Operationsbereich der deutschen Flotte bleibt auf die Nord- und Ostsee beschränkt. Auch für die exportorientierte deutsche Wirtschaft hat die britische Blockade katastrophale Folgen und führt darüber hinaus zu erheblichen Versorgungsproblemen, die durch unzureichende Verteilung der vorhandenen Lebensmittel weiter verschärft werden.

Die Tirpitz'sche Risikotheorie und das Konzept der Risikoflotte erweisen sich damit als völliger Fehlschlag. Nach Beginn des Ersten Weltkriegs verliert Tirpitz daher jeden Einfluss auf die Führung der Marine und scheidet 1916 verbittert aus dem Amt.

Das Gefecht vor Helgoland

Am 28. August 1914 kommt es nahe Helgoland zum ersten größeren Seegefecht zwischen Deutschen und Briten. Die Deutschen verlieren drei Kleine Kreuzer

Die Landung britischer Truppen auf der türkischen Halbinsel Gallipoli im Jahre 1915. Der alliierte Versuch, die Durchfahrt ins Schwarze Meer zu erzwingen, scheitert katastrophal am Widerstand der von den Deutschen unterstützten türkischen Verteidiger.

Das Gefecht auf der Doggerbank am 24. Januar 1915: Der Große Kreuzer BLÜCHER sinkt nach mehr als 70 Treffern.

und ein Torpedoboot. 723 deutsche Seeleute finden den Tod. Die Briten verzeichnen etwa 100 Tote, aber keinen Schiffsverlust.

Das Gefecht vor Helgoland offenbart erhebliche Mängel der Kaiserlichen Marine im Bereich der Aufklärung und Sicherung. Auch der Bereitschaftsgrad der deutschen Flotte erweist sich als ungenügend, da Verstärkungen aus Wilhelmshaven zu spät in Marsch gesetzt werden, um noch in den Kampf eingreifen zu können. Als Reaktion auf diesen Misserfolg befiehlt Kaiser Wilhelm II., die Hochseeflotte erst einzusetzen, nachdem die britische Grand Fleet durch Versenkungen geschwächt ist.

Durch einen Abnutzungskrieg will die deutsche Marineleitung einen Ausgleich der Kräfte erreichen, um dann die Entscheidungsschlacht zu suchen. Um die Briten aus dem Hafen zu locken, beschießen deutsche Kriegsschiffe wiederholt Städte an der englischen Ostküste. Über 100 englische Zivilisten verlieren dabei ihr Leben, mehr als 500 werden verletzt.

Das Doggerbank-Gefecht

Bei einem erneuten Vorstoß gegen die englische Nordseeküste werden die deutschen Schiffe am 24. Januar 1915 von einem überlegenen britischen Verband nahe der Doggerbank gestellt, wobei der ältere deutsche Panzerkreuzer BLÜCHER versenkt wird. Nur 278 der 900 Besatzungsmitglieder werden gerettet.

Das Gefecht auf der Doggerbank wird von deutscher Seite als Niederlage gewertet. In der Folge kommt der Seekrieg in der Nordsee fast zum Stillstand.

Die Mittelmeer-Division

Kurz nach Kriegsbeginn beschießt die aus dem Schlachtkreuzer GOEBEN und dem Kleinen Kreuzer BRESLAU bestehende deutsche Mittelmeerdivision am 4. August 1914 die Küste der französischen Kolonie Algerien. Anschließend nehmen die beiden Schiffe Kurs auf Konstantinopel. Die Ankunft und anschließende Übereignung der GOEBEN und der BRESLAU an die türkische Flotte veranlassen das Osmanische Reich im Oktober 1914 zum Kriegseintritt auf Seiten der Mittelmächte Deutschland und Österreich-Ungarn.

Dadurch ist den Entente-Mächten der Versorgungsweg nach Russland durch die Dardanellen versperrt. Der britische Versuch, im Jahre 1915 die Durchfahrt ins Schwarze Meer zu erzwingen, scheitert katastrophal an der hartnäckigen Verteidigung der Halbinsel Gallipoli durch die von deutschen Kräften unterstützten Türken.

Das Ostasiengeschwader

Die deutschen Seestreitkräfte in Übersee stehen einer feindlichen Übermacht gegenüber. Zugleich verfügen sie in den deutschen Kolonien nur über wenige Stützpunkte und über unzureichenden Nachschub. Das im Pazifik stationierte Ostasiengeschwader unter Vizeadmiral Maximilian Reichsgraf von Spee versucht daher, auf dem Weg um Kap Hoorn nach Deutschland zurückzukehren.

Am 1. November vernichten die deutschen Schiffe bei Coronel vor der chilenischen Küste ein englisches Geschwader. Gut sechs Wochen später, am 8. Dezember 1914, trifft Graf Spees Verband bei den Falklandinseln auf überlegene britische Seestreitkräfte. Fast alle deutschen Schiffe werden versenkt. Über 2200 deutsche Seeleute finden den Tod, unter ihnen auch Admiral Graf Spee.

Die Schlacht bei den Falklandinseln bleibt der einzige vollständige Seesieg im Ersten Weltkrieg.

Die deutschen Auslandskreuzer

Die in Übersee stationierten deutschen Seestreitkräfte verfügen nur über wenige Stützpunkte und stehen einer gegnerischen Übermacht gegenüber. Die wenigen als Handelsstörer operierenden deutschen Auslandskreuzer richten jedoch großen Schaden unter der gegnerischen Handelsschifffahrt an. Weil sie von zahlreichen alliierten Kriegsschiffen gejagt werden, binden die deutschen Auslandskreuzer zudem starke feindliche Kräfte.

Besonders erfolgreich ist der Kleine Kreuzer EMDEN. Bis zu seiner Versenkung durch den australischen Kreuzer SYDNEY am 9. November 1914 bei den Cocos-Inseln südlich von Sumatra kapert oder versenkt die EMDEN 23 Schiffe.

Überlebende des am 8. Dezember 1914 in der Schlacht bei den Falklandinseln versenkten deutschen Großen Kreuzers GNEISENAU werden von britischen Schiffen gerettet.

Das Wrack des Kleinen Kreuzers EMDEN. Der erfolgreichste deutsche Handelsstörer wurde am 9. November 1914 bei den Cocos-Inseln von dem australischen Kreuzer SYDNEY zerstört.

Erst mit der Selbstversenkung des Kleinen Kreuzers KÖNIGSBERG vor der ostafrikanischen Küste im Juli 1915 ist die Bedrohung der alliierten Seewege durch deutsche Kriegsschiffe endgültig beseitigt.

Der Einsatz der Hilfskreuzer

Neben regulären Kriegsschiffen setzt die Kaiserliche Marine im weltweiten Kampf gegen die alliierte Handelsschifffahrt auch sogenannte Hilfskreuzer ein. Dabei handelt es sich um Handelsschiffe, die zu Hilfskriegsschiffen umgerüstet werden und unter dem Befehl eines Marineoffiziers stehen.

Die Hilfskreuzer mit den größten Versenkungserfolgen sind WOLF, dem auf einer bis in den Pazifik führenden Reise von Mai 1916 bis Februar 1918 27 gegnerische Schiffe zum Opfer fallen, und MÖVE, die auf zwei Fahrten von Dezember 1915 bis März 1916 sowie von November 1916 bis März 1917 insgesamt 41 feindliche Handelsschiffe versenkt. Der bekannteste Hilfskreuzer des Ersten Weltkriegs ist allerdings das von Felix Graf Luckner geführte Segelschiff SEEADLER, das auf seiner von Dezember 1916 bis zur Strandung vor der Südseeinsel Mopelia (Maupihaa) im August 1917 dauernden Reise 15 Handelsschiffe versenkt.

Alles in allem ist der Einsatz der deutschen Hilfskreuzer recht erfolgreich. Der strategische Wert dieser Fahrten ist allerdings wichtiger als die Anzahl der Versenkungen. Die Hilfskreuzer binden eine große Zahl von alliierten Kriegsschiffen, die für andere Aufgaben ebenso dringend benötigt werden. Dennoch können sie das Kräftegleichgewicht zur See nicht nachhaltig verändern.

Marineluftschiffe und Seeflieger

1912 erhält die Kaiserliche Marine mit L1 das erste Luftschiff. Im Ersten Weltkrieg werden Marineluftschiffe zur Aufklärung und für Sicherungsaufgaben über der Nordsee eingesetzt. Ab Ende 1914 unternehmen sie auch Luftangriffe gegen britische Städte, wobei sie aber zunehmende Verluste erleiden. Vor allem gegenüber Flugzeugen erweisen sich die mit Wasserstoff als Auftriebmittel gefüllten Luftschiffe als sehr verwundbar.

Auch Seeflugzeuge spielen im Ersten Weltkrieg eine wachsende Rolle als Aufklärer und bei der Bekämpfung feindlicher Kriegsschiffe aus der Luft.

Angesichts der technischen Unvollkommenheit ist ein erheblicher Teil der Verluste an Luftschiffen und Seeflugzeugen auf Unfälle zurückzuführen. So gehen von den insgesamt 76 Marineluftschiffen im Ersten Weltkrieg 21 durch Feindeinwirkung, jedoch 33 durch Naturgewalten und technisches Versagen verloren.

Laut Versailler Vertrag müssen nach Kriegsende alle Luftschiffe und Flugzeuge zerstört werden.

Der Seekrieg in der Ostsee

Gleich nach Kriegsbeginn riegeln Deutsche und Dänen die Ostseezugänge durch Minenfelder ab; lediglich einigen britischen U-Booten gelingt der Durchbruch. Obgleich die russische Marine in der Ostsee über starke Verbände verfügt, scheut sie die offene Konfrontation mit der Kaiserlichen Marine und konzentriert sich vor allem auf das Legen von Minensperren.

Ende August 1914 fällt der russischen Marine bei der Durchsuchung des bei einem Vorstoß in den Finnischen Meerbusen auf Grund gelaufenen und von der Besatzung aufgegebenen Kleinen Kreuzers MAGDEBURG das deutsche Marine-Signalbuch in die Hände. Die deutschen Geheimcodes werden der britischen Admiralität übergeben, die fortan in der Lage ist, den Funkverkehr der Kaiserlichen Marine zu entschlüsseln. Fast genauso schnell gelingt den Deutschen die Decodierung der alliierten Funksprüche.

Für die Kaiserliche Marine ist die Ostsee während des gesamten Kriegs ein Nebenkriegsschauplatz.

Abgestürztes deutsches Marineluftschiff

Maschinenraum eines deutschen U-Boots im Ersten Weltkrieg

Hier sind nur einige ältere Kreuzer, Torpedoboote und U-Boote stationiert, wobei es aber jederzeit möglich ist, über den Kaiser-Wilhelm-Kanal, den heutigen Nord-Ostsee-Kanal, Verstärkung heranzuführen.

Wegen der Eisbildung kommt der Seekrieg in der Ostsee im Winter zum Erliegen. Die wichtigste Aufgabe der deutschen Seestreitkräfte in der Ostsee ist die Sicherung der Erztransporte von Schweden nach Deutschland, die von großer Bedeutung für die deutsche Rüstungsindustrie sind. Die größte Bedrohung für die deutsche Schifffahrt in der Ostsee geht von den russischen Minenfeldern und einigen britischen U-Booten aus, die von russischen Stützpunkten aus operieren. Zahlreiche deutsche Schiffe fallen ihnen zum Opfer.

Der Einsatz der U-Boote

1906 wird mit U1 das erste U-Boot der Kaiserlichen Marine in Dienst gestellt. Zu Beginn des Ersten Weltkriegs wird der Kampfwert dieser neuen Seekriegswaffe erstmals unter Beweis gestellt. Am 5. September 1914 versenkt das deutsche U-Boot U21 den britischen Kreuzer PATHFINDER, wobei 259 britische Seeleute das Leben verlieren. Am 22. September 1914 torpediert U9 die drei britischen Panzerkreuzer ABOUKIR, HOGUE und CRESSY. 1400 britische Seeleute finden dabei den Tod.

Diese Erfolge führen bei der deutschen Marineführung zu einer Überbewertung der technischen und strategischen Möglichkeiten der U-Boote.

Die deutsche Seekriegsleitung setzt die U-Boote zunächst vor allem gegen Großkampfschiffe ein, um die feindliche Schlachtflotte zu schwächen. Erst ab Herbst 1914 werden U-Boote auch im Handelskrieg eingesetzt. Mit dem Angriff auf die alliierte Handelsschifffahrt hofft die deutsche Marineführung, Großbritannien seinerseits von der Rohstoffversorgung abzuschneiden.

Der uneingeschränkte U-Boot-Krieg

Zunächst führen die deutschen U-Boote den Handelskrieg entsprechend den Regeln des Kriegsvölkerrechts. Die feindlichen Handelsschiffe werden gestoppt, durchsucht und erst versenkt, nachdem die Besatzung das Schiff verlassen hat. Dazu müssen die U-Boote jedoch auftauchen. Dadurch gelingt es vielen Handelsschiffen, den langsamen U-Booten zu entkommen. Ebenso werden aufgetauchte U-Boote wiederholt von bewaffneten Handelsschiffen oder getarnten U-Boot-Jägern versenkt. Daher geht die deutsche Seekriegsleitung im Februar 1915 zum sogenannten *uneingeschränkten U-Boot-Krieg* über. Fortan werden alle innerhalb der Sperrgebiete angetroffenen Handelsschiffe ohne Warnung angegriffen. Dies führt jedoch bald zu Protesten der neutralen Staaten, besonders der USA.

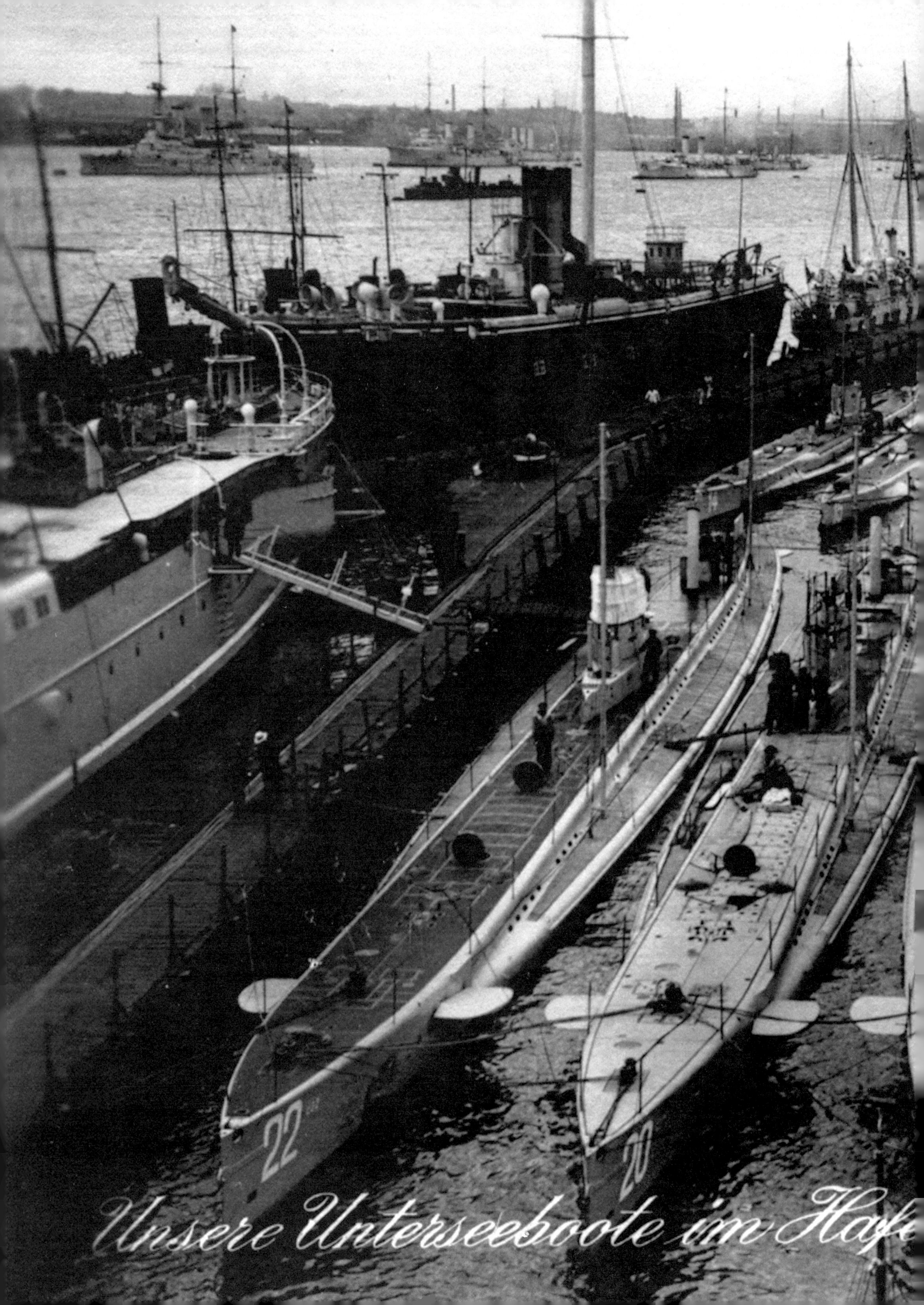
22
20
Unsere Unterseeboote im Haf

U-Boote im Kieler Hafen

Am 7. Mai 1915 versenkt das deutsche U-Boot U20 den irrtümlich als bewaffnetes Handelsschiff identifizierten britischen Passagierdampfer LUSITANIA, wobei 1198 Menschen, darunter 120 amerikanische Staatsbürger, sterben. Der Tod so vieler Amerikaner sorgt in den USA für einen Aufschrei des Entsetzens, weshalb der uneingeschränkte U-Boot-Krieg zeitweise eingestellt wird, um einen Kriegseintritt der USA zu vermeiden.

Die Skagerrakschlacht

Im Januar 1916 übernimmt Admiral Reinhard Scheer den Befehl über die deutsche Hochseeflotte. Er strebt für seine Schlachtschiffe wieder eine aktivere Rolle im Seekrieg an.

Durch Zufall begegnen sich die deutsche Hochseeflotte und die britische Grand Fleet am Nachmittag des 31. Mai 1916 vor der Westküste Jütlands. Scheer verfügt über 21 Großkampfschiffe, der britische Oberbefehlshaber Admiral Sir John Rushworth Jellicoe dagegen über 37 Schlachtschiffe und Schlachtkreuzer.

Zunächst kommen nur die Aufklärungsstreitkräfte beider Seiten miteinander ins Gefecht, später auch die Schlachtschiffe. Die Skagerrakschlacht ist die größte und zugleich auch die letzte ausschließlich von artillerietragenden Großkampfschiffen ausgefochtene Schlacht der Seekriegsgeschichte. Insgesamt sind auf beiden Seiten über 200 Schiffe an dem Gefecht beteiligt.

Schlechte Sicht und unzureichende Kommunikation erschweren vor allem dem britischen Oberbefehlshaber Jellicoe die Gefechtsführung. Zweimal kann sich Scheer durch eine sogenannte Gefechtskehrtwende, bei der alle Schlachtschiffe gleichzeitig auf Gegenkurs gehen, der drohenden Vernichtung durch die überlegene britische Schlachtflotte entziehen. Zugleich zeigt sich, dass die deutschen Großkampfschiffe besser geschützt und standfester als die englischen sind. Nach mehrstündigem Kampf brechen beide Seiten das Gefecht ab. Es gelingt Scheer, sich vom Gegner zu lösen und mit der Hochseeflotte nach Wilhelmshaven zurückzukehren.

Nach der Skagerrakschlacht: Gefechtsschäden auf dem Schlachtkreuzer DERFFLINGER

U-Boote im Bau auf der Kieler Germania-Werft

Die Grand Fleet hat insgesamt drei Schlachtkreuzer, drei Panzerkreuzer und acht Zerstörer eingebüßt, die deutsche Hochseeflotte einen Schlachtkreuzer, ein älteres Linienschiff, vier Kleine Kreuzer und fünf Torpedoboote verloren. Die Briten haben 6094 Tote zu beklagen, während auf deutscher Seite 2551 Seeleute gefallen sind.

Damit können die Deutschen den taktischen Sieg für sich in Anspruch nehmen. Doch ungeachtet ihrer höheren Verluste haben die Briten einen – weitaus wichtigeren – strategischen Erfolg zu verzeichnen. Die britische Seeherrschaft in der Nordsee bleibt ungebrochen. Die deutsche Seekriegskonzeption erweist sich damit endgültig als Fehlschlag. Für den Rest des Krieges bleiben die deutschen Schlachtschiffe in ihren Stützpunkten, wobei der eintönige Dienst und schlechte Menschenführung allmählich die Moral der Besatzungen zerrütten.

Zu den deutschen Gefallenen der Skagerrakschlacht gehört auch der Schriftsteller Johann Kinau, der vor allem unter seinem Künstlernamen Gorch Fock bekannt ist. Er gehört zur Besatzung des Kleinen Kreuzers WIESBADEN, der bereits zu Beginn der Schlacht manövrierunfähig geschossen wird und schließlich sinkt. Kinau ist der Namensgeber des Segelschulschiffs GORCH FOCK.

Die Wiederaufnahme des uneingeschränkten U-Boot-Kriegs

Um die britische Seeherrschaft zu brechen, setzt die deutsche Seekriegsleitung erneut auf den verstärkten Einsatz von U-Booten. Am 1. Februar 1917 wird der sogenannte uneingeschränkte U-Boot-Krieg wieder aufgenommen. Dies bedeutet auch das endgültige Scheitern einer von Reichskanzler Theobald von Bethmann Hollweg ausgehenden Friedensinitiative.

Die deutschen Versenkungserfolge stören zwar die Rohstoffversorgung der Alliierten, können den Kriegsverlauf aber nicht entscheidend beeinflussen. Zudem haben die Einführung des Konvoisystems und neuer Abwehrwaffen einen starken Rückgang der Versenkungsziffern und erhöhte U-Boot-Verluste zur Folge. Von den 178 zwischen 1914 und 1918 versenkten deutschen U-Booten werden 132 in den letzten 18 Monaten des Krieges vernichtet.

Wiederholt greifen deutsche U-Boote amerikanische Schiffe an, weshalb die USA am 6. April 1917 auf der Seite Frankreichs, Englands und Russlands in den Krieg eintreten. Angesichts der alliierten Übermacht ist die deutsche Niederlage nur noch eine Frage der Zeit.

Insgesamt versenken die deutschen U-Boote im Ersten Weltkrieg 100 Kriegs- und 6394 Handelsschiffe. Von den 374 im Ersten Weltkrieg eingesetzten deutschen U-Booten gehen 228 verloren. 5249 deutsche U-Bootfahrer sowie tausende alliierter Seeleute und Passagiere finden dabei den Tod.

Die Flottenunruhen des Jahres 1917

Im Sommer 1917 kommt es in der deutschen Hochseeflotte zu Gehorsamsverweigerungen und Meutereien. Der Hauptgrund für die Unruhen unter den Matrosen sind die schlechten Lebensbedingungen an Bord, vor allem der eintönige Dienst, die unzureichende Verpflegung, die schlechte Behandlung durch Vorgesetzte und vor allem die mangelhafte Menschenführung durch unerfahrene Offiziere. Politische Motive spielen zunächst nur eine untergeordnete Rolle. Der Matrose Richard Stumpf, der 1917 als Heizer auf dem Schlachtschiff HELGOLAND dient, bemerkt später, dass zwischen Offizieren und Mannschaften eine *„Kluft war, so dass es keiner Agitation von außen bedurfte! Unsere herrliche Flotte ist tatsächlich an innerer Fäulnis zusammengebrochen."*

Der Obermatrose Max Reichpietsch und der Heizer Albin Köbis werden nach einem juristisch fragwürdigen Verfahren standrechtlich erschossen. Von der späteren DDR werden sie ideologisch vereinnahmt und zu „Kämpfern für den Sozialismus" hochstilisiert.

Die deutsche Marineführung unternimmt nichts, um die Missstände in der Hochseeflotte zu beseitigen, so dass die Unzufriedenheit der Matrosen weiter wächst.

Auf den kleineren, häufig im Einsatz stehenden Einheiten, wie U-Booten, Torpedobooten oder Minensuchern, bleibt dagegen das Vertrauensverhältnis zwischen Offizieren und Mannschaften weitgehend intakt, so dass es kaum disziplinarische Probleme gibt.

Der Heizer Albin Köbis (oben) und der Obermatrose Max Reichpietsch (unten) gehören zu den Anführern der Matrosenunruhen in der Hochseeflotte.

Unternehmen ALBION

Nach der Russischen Revolution und dem Sturz des Zaren gerät im Frühjahr 1917 die Ostfront wieder in Bewegung. Die deutschen Truppen gehen in die Offensive und drängen die in zunehmender Auflösung begriffene russische Armee immer weiter zurück.

Die bedeutendste Operation der Kaiserlichen Marine in der Ostsee ist das Unternehmen ALBION im Oktober 1917, bei dem auf Wunsch des Heeres die Baltischen Inseln Ösel und Dagö besetzt werden, um die russische Bedrohung der deutschen Flanke aufzuheben. Dabei werden zum ersten Mal in der Kriegsgeschichte See-, Land- und Luftstreitkräfte bei einer gemeinsamen Operation eingesetzt. Der für dieses Unternehmen zusammengezogene Sonderverband wird von Vizeadmiral Erhard Schmidt, das Heereskontingent für die Landung von General Hugo von Kathen befehligt. Bei geringen eigenen Verlusten gelingt es den Deutschen, die Inseln zu besetzen. Das russische Linienschiff SLAVA und der russische Zerstörer GROM werden versenkt. Erst nach Kriegsende werden die Baltischen Inseln wieder geräumt.

In einem später zur *Oktoberrevolution* hochstilisierten Putsch reißen im Herbst 1917 die Bolschewiken die Macht in Russland an sich. Zur militärischen Unterstützung des nach Unabhängigkeit von Russland strebenden Finnland entsendet die deutsche Regierung Ende Februar 1918 den „Sonderverband Ostsee“ unter der Führung von Konteradmiral Hugo Meurer mit einem deutschen Truppenkontingent, darunter auch das ausschließlich aus finnischen Freiwilligen bestehende Königlich-Preußische Jägerbataillon Nr. 27. Mit Hilfe der deutschen Truppen gelingt es den Finnen, zum ersten Mal in ihrer Geschichte die staatliche Eigenständigkeit zu erlangen. Ende Mai 1918 wird der „Sonderverband Ostsee“ aufgelöst; damit endet der Einsatz der schweren Schiffseinheiten der Kaiserlichen Marine in der Ostsee.

Im März 1918 zwingt das Deutsche Reich der neuen russischen Regierung in Brest-Litowsk einen Se-

Die internierte deutsche Hochseeflotte in der Bucht von Scapa Flow

paratfrieden auf. Doch die militärische Entlastung im Osten reicht nicht, um auch im Westen das Blatt zu wenden. Eine letzte deutsche Offensive scheitert im August 1918. Die Niederlage des militärisch und wirtschaftlich erschöpften Deutschen Reichs ist damit unausweichlich.

Meuterei, Revolution und Niederlage

Die Aussicht, in den letzten Tagen eines bereits verlorenen Kriegs noch in ein sinnloses letztes Seegefecht geführt zu werden, löst unter den Matrosen der Hochseeflotte in Wilhelmshaven am 28. Oktober 1918 eine Meuterei aus, die schließlich zur Revolution und zum Sturz der Monarchie in Deutschland führt. Die Offiziere der Marine reagieren völlig hilflos auf den Zusammenbruch der Disziplin.

Ein Teil der Hochseeflotte wird von Wilhelmshaven nach Kiel verlegt. Am 3. November ziehen kriegsmüde Matrosen und Werftarbeiter durch Kiel und fordern das Ende des Kriegs. Vergeblich versucht die Marineführung den Aufstand mit Waffengewalt niederzuschlagen. Stattdessen übernehmen die Matrosen gemeinsam mit den Arbeitern die Kontrolle über die Stadt Kiel.

Von Kiel aus ergreift die Revolution ganz Deutschland. Der Zusammenbruch des Kaiserreichs ist nicht mehr aufzuhalten. Am 9. November ruft Philipp Scheidemann in Berlin die Republik aus. Kaiser Wilhelm II. geht ins niederländische Exil. Dies ist das Ende der Monarchie in Deutschland.

Auch militärisch ist Deutschland am Ende. Am 11. November 1918 kapituliert das Deutsche Reich. Insgesamt hat der Erste Weltkrieg mehr als 1,8 Millionen deutschen Soldaten, darunter rund 35 000 Marineangehörige, das Leben gekostet.

Scapa Flow und Versailles

Den Bestimmungen des Waffenstillstands entsprechend muss Deutschland alle U-Boote ausliefern

Die

Vor dem Auslaufen nach Scapa Flow werden die Schiffe der Hochseeflotte in Wilhelmshaven entwaffnet.

brüstung der Deutschen Flotte.
Munitions-Abgabe.

Phot. W. Feyeraben
Wilhelmshaven

Menschenverluste im Ersten Weltkrieg

	Gefallene	Verwundete	Gefangene
Deutschland	1.806.000	4.247.000	618.000
Frankreich	1.385.000	3.044.000	446.000
Großbritannien	947.000	2.122.000	192.000
Italien	460.000	947.000	530.000
Österreich-Ungarn	1.200.000	3.620.000	2.200.000
Russland	1.700.000	4.950.000	2.500.000
Türkei	325.000	400.000	-
U.S.A.	115.000	206.000	4.500

und einen Großteil der Hochseeflotte internieren lassen.

Dem Ehrenkodex der Kaiserlichen Marine folgend, dass kein Schiff in die Hände des Feindes fallen darf, werden die Schiffe der Hochseeflotte am 21. Juni 1919 in der Bucht von Scapa Flow von ihren Besatzungen selbst versenkt, um eine endgültige Auslieferung an die Alliierten zu verhindern. Die Selbstversenkung in Scapa Flow rettet zwar nach damaligem Verständnis die Ehre der deutschen Flotte, erschwert durch die Auslieferung weiterer Kriegsschiffe aber den Neuaufbau der Reichsmarine und fügt Deutschland durch die erzwungene Abtretung der Handelsflotte großen wirtschaftlichen Schaden zu.

Unter massivem Druck der Alliierten wird am 28. Juni 1919 in Versailles bei Paris der Friedensvertrag unterzeichnet. Entsprechend den Vertragsbedingungen verbleiben Deutschland nur sechs ältere Linienschiffe, sechs Kleine Kreuzer und 24 Torpedoboote.

Zwischenkriegszeit 1919–1939

Entsprechend den Bedingungen des Versailler Friedensvertrages verbleiben Deutschland nach dem Ende des Ersten Weltkriegs nur sechs ältere Linienschiffe und sechs Kleine Kreuzer sowie einige kleinere Schiffseinheiten. Zur Zeit der Weimarer Republik bemüht sich die stark verkleinerte Reichsmarine um Konsolidierung. Nach der Machtübernahme Hitlers 1933 wird auch die Marine erneut stark aufgerüstet.

Die Weimarer Republik

Die Jahre zwischen 1918 und 1933 sind in Deutschland von politischer Unruhe, wirtschaftlichen Krisen und dem allmählichen Zerfall der – nie sehr stabilen – Demokratie geprägt. Breite Teile der Bevölkerung lehnen die Weimarer Republik ab. Radikale Parteien wie die antisemitische NSDAP und die linksextreme, von Moskau gelenkte KPD tragen zur weiteren Destabilisierung der innenpolitischen Lage bei.

Viele ehemalige Marinesoldaten schließen sich den rechtsgerichteten Freikorps an. Auf Seiten der Regierung bekämpfen sie die Kommunisten, etwa bei der Niederschlagung des Spartakusaufstands Anfang 1919 und beteiligen sich aber auch 1920 an dem gegen die Weimarer Republik gerichteten Kapp-Putsch.

Auch der am 28. Juni 1919 unter massivem Druck der Alliierten unterzeichnete Friedensvertrag von Versailles wird zu einer schweren Belastung für die junge deutsche Republik. Die Behandlung durch die Alliierten hinterlässt in der deutschen Bevölkerung ein tiefes Gefühl der Verbitterung. Damit ist die Saat für den um ein Vielfaches verheerenderen Zweiten Weltkrieg gelegt.

Kämpfe während des kommunistischen Spartakusaufstands in Berlin im Januar 1919

Linienschiffe der Reichsmarine in See. Am Heck des Schiffes im Vordergrund ist deutlich die 1922 eingeführte Flagge der Reichsmarine zu sehen.

Von der Vorläufigen Reichsmarine zur Reichsmarine

Mit der Verabschiedung des „Gesetzes über die Bildung einer Vorläufigen Reichswehr“ entsteht im April 1919 die *Vorläufige Reichsmarine*. Mit Wirkung vom 1. Januar 1921 erfolgt die Umbenennung in *Reichsmarine*. Oberbefehlshaber der Reichswehr und damit auch der Reichsmarine ist nach dem Wehrgesetz der Reichspräsident.

Ab dem 1. Januar 1922 wird die alte Kaiserliche Kriegsflagge durch eine neue, schwarz-weiß-rote Flagge ersetzt, die in der Mitte ein Eisernes Kreuz und in der Gösch (linkes Obereck der Flagge) die schwarz-rot-goldenen Farben der Weimarer Republik zeigt, die jedoch bereits 1933 nach der Machtergreifung der Nationalsozialisten wieder aus der Flagge entfernt werden.

Die Reichsmarine

Nach der Niederlage Deutschlands im Ersten Weltkrieg 1918 wird der materielle und personelle Umfang der Reichsmarine stark beschränkt. Die wichtigste Aufgabe der Rcichsmarine ist die Landesverteidigung, insbesondere die Sicherung der Seeverbindungen nach Ostpreußen, das durch den sogenannten „Polnischen Korridor“ vom übrigen Deutschland abgeschnitten ist. Als mögliche Kriegsgegner betrachtet die Marineleitung Polen und das mit diesem verbündete Frankreich, aber nicht England.

Den Bestimmungen des Versailler Vertrages entsprechend, verbleiben dem Deutschen Reich nur sechs Linienschiffe, sechs Kleine Kreuzer und 24 Torpedoboote. Die technisch veralteten Schiffe dürfen erst nach Ablauf einer festgelegten Frist durch Neubauten ersetzt werden. Der Besitz und Bau von U-Booten ist Deutschland verboten.

Das Personal der Reichsmarine ist auf 15 000 länger dienende Offiziere, Unteroffiziere und Mannschaften begrenzt. Da die Bewerberzahlen den Bedarf weit übersteigen, kann die Reichsmarine ihren Nachwuchs sorgfältig auswählen und ausbilden. Dadurch steht eine ausreichende personelle Basis für die rasche Vergrößerung der Marine nach 1935 zur Verfügung.

Eine negative Folge der langen Verpflichtungsdauer sind mangelnde Aufstiegschancen in der Reichsmarine; nur wenige Soldaten haben die Chance, Unteroffizier zu werden, die meisten verbleiben die gesamte Dienstzeit über in der Dienstgradgruppe der Mannschaften.

Voraussetzung für den Eintritt in die Marineoffizierlaufbahn ist nun das Abitur. Obgleich alle Offizieranwärter gemeinsam ausgebildet und sich die Marineführung um die Formung eines einheitlichen Marineoffizierkorps bemüht, bleibt die Trennung zwischen Seeoffizieren und Ingenieuroffizieren grundsätzlich bestehen. Dagegen wird die Dienstgradgruppe der Deckoffiziere abgeschafft.

Das Bild der Reichsmarine in der Öffentlichkeit

Die Verstrickung des Chefs der Admiralität, Vizeadmiral Adolf von Trotha, und des Chefs der Ostseestation in Kiel, Konteradmiral Magnus von Levetzow, in den von rechtsextremen Kräften und Teilen der Reichswehr unterstützten Kapp-Putsch im März 1920 diskreditiert die Reichsmarine in der Öffentlichkeit und in weiten Teilen der Politik.

Nach dem Scheitern des Putsches wird zeitweise sogar die Auflösung der Reichsmarine erwogen. Unter dem neuen Marinechef, Admiral Paul Behnke, gelingen die Konsolidierung und der allmähliche Wiederaufbau der Reichsmarine, die der Republik aber weiterhin distanziert gegenübersteht. Auch das Verhältnis zur aktuellen politischen Führung bleibt angespannt. Die meisten Offiziere betrachten die Weimarer Republik lediglich als eine vorübergehende politische Notlösung.

Das Washingtoner Flottenabkommen

Nach dem Ersten Weltkrieg wird in vielen Ländern angesichts der Belastungen durch die Kriegsfolgen der Ruf nach einer Reduzierung der Rüstungsausgaben laut. 1921 beginnt in Washington eine Flottenkonferenz der fünf größten Seemächte USA, Großbritannien, Japan, Frankreich und Italien mit dem Ziel einer maritimen Rüstungsbeschränkung. Vertreter Deutschlands nehmen nicht an den Verhandlungen teil.

1922 unterzeichnen die USA, Großbritannien, Japan, Frankreich und Italien in Washington einen Vertrag, der die jeweiligen Flottenstärke im Verhältnis von 5 : 5 : 3 : 1,75 : 1,75 festlegt. Zugleich wird ein zehnjähriger Baustopp für Großkampfschiffe beschlossen. Ebenso werden Höchstgrenzen für Wasserverdrängung und Bewaffnung der einzelnen Schiffsklassen definiert.

Das Flottenabkommen soll eigentlich bis 1936 gelten, wird aber bereits 1934 durch Japan und Italien aufgekündigt. In der Folge versucht Großbritannien, ein neues maritimes Wettrüsten durch bilaterale Verträge mit anderen Seemächten zu verhindern. Unter anderem schließt Großbritannien 1935 mit Deutschland ein Abkommen, das der deutschen Marine entgegen der Bestimmungen des Versailler Vertrags eine Aufrüstung auf 35 Prozent der britischen Flottenstärke gestattet.

Geheime Rüstungsprojekte und die Lohmann-Affäre

Zur Finanzierung von Rüstungsprojekten, die nach dem Versailler Friedensvertrag verboten sind, wie z. B. die Entwicklung von U-Booten und Schnellbooten, schafft die Reichsmarine im Laufe der Jahre geheime Fonds. Für die Verwaltung der Gelder ist der Leiter der Seetransportabteilung, Kapitän zur See Walter Lohmann, zuständig.

1927 werden diese geheimen Rüstungsprogramme aufgedeckt. Der folgende, als *Lohmann-Affäre* bezeichnete politische Skandal erschüttert erneut das Vertrau-

Admiral Erich Raeder (1876–1960), von 1928 bis 1943 Oberbefehlshaber der deutschen Seestreitkräfte en der Regierung in die Reichsmarine. Als Folge der Affäre scheidet der Chef der Reichsmarine, Admiral Hans Zenker, am 30. September 1928 aus seinem Amt aus. Sein Nachfolger wird Admiral Erich Raeder.

Die Entwicklung der Panzerschiffe

1928 wird der Bau des *Panzerschiffs A* als Ersatz für das veraltete Linienschiff PREUSSEN beschlossen. Infolge der Größenbegrenzung durch den Versailler Vertrag auf 10 000 Tonnen Wasserverdrängung stehen zwei Alternativen zur Auswahl: Entweder ein langsames Küstenpanzerschiff oder ein hochseefähiger Kreuzer, mit dem im Kriegsfall ein Angriff auf die französischen Seeverbindungswege möglich wäre. Die Entscheidung fällt schließlich zugunsten des Kreuzers. Dies markiert zugleich die Wiederaufnahme der Planungen der Marineleitung für eine ozeanische Kriegführung, die in erster Linie gegen das mit Polen verbündete Frankreich gerichtet ist.

Die Panzerkreuzer-Debatten

Der Plan zum Bau des Panzerschiffs A sorgt aufgrund der hohen Kosten für erhebliche innenpolitische Konflikte. Die Reichsmarine genießt nach wie vor nur geringes Ansehen in der Bevölkerung. Im Reichstag kommt es zu heftigen *Panzerkreuzer-Debatten*. Gegen den Widerstand von SPD und KPD wird der Neubau im März 1928 mit den Stimmen der bürgerlichen und rechten Parteien beschlossen. Obgleich die SPD nach den Reichstagswahlen vom Mai 1928 als stärkste Partei den Reichskanzler stellt, wird der Baubeschluss nicht rückgängig gemacht.

Planungen zur Wiederaufrüstung der Marine

1931 läuft das Panzerschiff A in Kiel vom Stapel und wird von Reichspräsident Paul von Hindenburg auf den Namen DEUTSCHLAND getauft. Es ist den Konstrukteuren gelungen, ein Höchstmaß an Kampfkraft zu erreichen, ohne die Beschränkungen des Versailler Vertrages von 1919 zu verletzen. Im Ausland wird das Schiff bald als *Pocket-Battleship* oder *Westentaschen-Schlachtschiff* bekannt. Basierend auf dem gleichen Entwurf werden 1931 und 1932 die Panzerschiffe ADMIRAL SCHEER und ADMIRAL GRAF SPEE auf Kiel gelegt.

Zugleich beginnen die Planungen für eine Wiederaufrüstung der Marine. 1932 legt Admiral Raeder den sogenannten *Umbauplan für die Marine* vor, der eine Erweiterung der deutschen Seestreitkräfte über den im Versailler Vertrag zugestandenen Umfang vorsieht. Als Reaktion auf den Bau der Panzerschiffe vom Typ DEUTSCHLAND legt Frankreich neue, moderne Schlachtschiffe auf Stapel, die den deutschen Panzerschiffen an Kampfkraft und Geschwindigkeit überlegen sind.

Der Untergang der NIOBE

Am 26. Juli 1932 kentert das Segelschulschiff NIOBE der Reichsmarine in einer überraschenden Windbö vor der Insel Fehmarn. 69 Besatzungsmitglieder und Offizieranwärter ertrinken. Als Konsequenz aus dem Untergang der NIOBE werden die seit 1933 gebauten Segelschulschiffe der Kriegsmarine GORCH FOCK, HORST WESSEL und ALBERT LEO SCHLAGETER ganz auf Sicherheit konstruiert. Der Entwurf ist so geglückt, dass auch die 1958 in Dienst gestellte GORCH FOCK, das Segelschulschiff der Deutschen Marine, im Wesentlichen auf diesen Plänen beruht.

Die Nationalsozialisten kommen an die Macht

Am 30. Januar 1933 wird Adolf Hitler zum Reichskanzler ernannt. Systematisch beginnen die Nationalsozialisten mit der Errichtung einer totalitären Diktatur. Ebenso konsequent geht Hitler daran, seine außenpolitischen Pläne in die Tat umzusetzen. Bereits am 3. Februar 1933 erklärt er vor hohen Reichswehroffizieren, dass sein Ziel die Eroberung von „Lebensraum im Osten" ist. Auch der Marineführung sind diese Kriegsabsichten bekannt.

Ein Großteil der weitgehend anti-republikanisch geprägten Angehörigen der Kriegsmarine begrüßt die Machtergreifung Hitlers und stellt sich bereitwillig in den Dienst des NS-Regimes.

Das Panzerschiff DEUTSCHLAND ist das erste große Kriegsschiff, das nach dem ersten Weltkrieg in Deutschland gebaut wird.

Von der Reichsmarine zur Kriegsmarine

Systematisch bereitet Hitler den kommenden Krieg vor. Entgegen den Bestimmungen des Versailler Vertrages führt er im März 1935 wieder die Wehrpflicht ein und beginnt mit dem Aufbau der Wehrmacht. Der Endzweck der Rüstungsanstrengungen ist es, Deutschland so schnell wie möglich kriegsbereit zu machen.

Seit 1934 werden die Soldaten von Heer, Luftwaffe und Marine auf die Person Hitlers vereidigt, nachdem dieser nach dem Tod Hindenburgs das Amt des Reichspräsidenten mit dem des Reichskanzlers vereinigt hat. Im Gegensatz zu früheren Eiden verpflichtet die neue Schwurformel erstmals zum bedingungslosen Gehorsam. Später führen viele Soldaten die Bindung durch diesen Eid als Begründung an, keinen aktiven Widerstand gegen den Nationalsozialismus geleistet zu haben.

Am 1. Juni 1935 wird die Reichmarine offiziell in Kriegsmarine umbenannt und führt ab dem 11. November 1935 die Hakenkreuzflagge. Aus der Marineleitung wird am 1. August 1935 das Oberkommando der Marine. Deren bisheriger Chef, Admiral Raeder, steht als Oberbefehlshaber der Marine auch weiterhin an der Spitze der Kriegsmarine.

Das deutsch-britische Flottenabkommen

Am 18. Juni 1935 schließen das Deutsche Reich und Großbritannien ein Abkommen, das die Flottenstärke der deutschen Marine bei Überwasserschiffen auf 35 Prozent und bei U-Booten auf 45 Prozent der britischen Kriegsschifftonnage begrenzt; später wird das Verhältnis der U-Boot-Tonnage auf 100 Prozent erhöht.

Das Flottenabkommen gestattet dem Deutschen Reich, seine Marine auf legale Weise um das Dreifache zu vergrößern. Ebenso wird Deutschland wieder der Besitz von U-Booten erlaubt. Damit werden die Rüstungsbegrenzungen des Versailler Vertrags faktisch aufgehoben.

Da die Entwicklung und der Bau von U-Booten insgeheim seit den 1920er-Jahren vorbereitet worden war, kann die Kriegsmarine in kürzester Zeit die erste U-Boot-Flottille in Dienst stellen. Die U-Boote sind zwar technisch ausgereift, entsprechen aber als Tauchboote mit verhältnismäßig geringer Unterwassergeschwindigkeit und -ausdauer nicht länger den tatsächlichen militärischen Anforderungen, wie sich im Verlauf des Zweiten Weltkriegs zeigt.

Die deutsche Flottenrüstung

Das deutsch-britische Flottenabkommen schafft die Voraussetzung für den zügigen Ausbau der Kriegsmarine. Ab 1935 setzt auf den deutschen Werften eine hektische Bautätigkeit ein. In rascher Folge werden Schlachtschiffe, Kreuzer, Zerstörer und U-Boote auf Kiel gelegt.

Als erste Großkampfschiffe laufen 1936 die beiden bereits 1934 in Auftrag gegebenen Schlachtschiffe SCHARNHORST und GNEISENAU vom Stapel. Im gleichen Jahr werden die beiden bedeutend größeren und stärker bewaffneten Schlachtschiffe BISMARCK und TIRPITZ auf Kiel gelegt. Ebenso wird mit dem Bau von drei Schweren Kreuzern begonnen.

Auch personell wird die Kriegsmarine stark vergrößert. Die Zahl der Offiziere, Unteroffiziere und Mannschaften wächst zwischen 1932 und 1939 von 15 000 auf fast 80 000. Trotzdem kann zunächst ein hoher Ausbildungsstandard gehalten werden.

Das deutsch-britische Flottenabkommen vom 18. Juni 1935 schafft die Voraussetzung für den zügigen Ausbau der Kriegsmarine. Hier in Bugansicht gezeigt ist das 1939 in Dienst gestellte Schlachtschiff SCHARNHORST.

Das Panzerschiff DEUTSCHLAND begegnet dem Segelschulschiff DEUTSCHLAND.

Der Einsatz im spanischen Bürgerkrieg

Seit 1936 herrscht in Spanien ein blutiger Bürgerkrieg zwischen der republikanischen, von der Sowjetunion unterstützten Volksfrontregierung und den Truppen des aufständischen Generals Francisco Franco, der wiederum von Adolf Hitler und dem italienischen Diktator Benito Mussolini politische und militärische Hilfe erhält.

Die europäischen Seemächte entsenden Kriegsschiffe zum Schutz der in Spanien lebenden Ausländer. Das Deutsche Reich schickt die Panzerschiffe DEUTSCHLAND und ADMIRAL SCHEER nebst einigen kleineren Einheiten.

Am 29. Mai 1937 wird die vor Ibiza ankernde DEUTSCHLAND von republikanischen Flugzeugen bombardiert; 31 Besatzungsmitglieder kommen dabei ums Leben. Zwei Tage später beschießt die ADMIRAL SCHEER zur Vergeltung den von den Republikanern kontrollierten spanischen Hafen Almeria.

Der Z-Plan

Seit 1938 gilt auch England als möglicher Kriegsgegner. Im Zuge der massiven Aufrüstung der Wehrmacht wird Anfang 1939 unter dem Namen Z-Plan ein komplexes Flottenrüstungsprogramm beschlossen. Erneut setzen Hitler und die Marineführung auf eine starke Überwasserflotte. Bis 1947/48 sollen zehn Schlachtschiffe, zwölf Panzerschiffe, vier Flugzeugträger, mehr als 40 Kreuzer, fast 160 Zerstörer, rund 250 U-Boote sowie zahlreiche andere Schiffe fertiggestellt sein.

Der Z-Plan verstößt gegen das deutsch-britische Flottenabkommen von 1935, das am 28. April 1939 durch Hitler einseitig gekündigt wird. Der Kriegsausbruch im September 1939 bedeutet das Ende des Z-Plans; alle bereits erteilten Aufträge werden storniert.

Der Zweite Weltkrieg 1939–1945

Bei Beginn des Zweiten Weltkriegs befindet sich die Kriegsmarine noch im Aufbau. Ihre wichtigste Aufgabe ist die Störung der britischen Seeversorgungswege. Durch die Okkupation Norwegens und Frankreichs gewinnt die Kriegsmarine 1940 günstig gelegene Stützpunkte für den Angriff auf die alliierten Konvois.
Nach dem Angriff auf die Sowjetunion und dem Kriegseintritt der USA im Jahre 1941 zeichnet sich ab, dass Deutschland den nun weltweit ausgetragenen Krieg nicht gewinnen kann. Mit der Niederlage von Stalingrad und der Wende im U-Boot-Krieg wird Anfang 1943 deutlich, dass der Sieg der Alliierten nur noch eine Frage der Zeit ist.
In den letzten Wochen des Krieges rettet die Kriegsmarine hunderttausende von Flüchtlingen vor der vorrückenden Roten Armee über die Ostsee.

Der Beginn des Zweiten Weltkriegs

Nach 1935 wird die deutsche Außenpolitik immer aggressiver. Im März 1936 marschiert die Wehrmacht in das entmilitarisierte Gebiet westlich des Rheins ein, im März 1938 proklamiert Hitler den Anschluss Österreichs an das Deutsche Reich, im Oktober 1938 besetzen deutsche Truppen das Sudetenland. Die Großmächte sehen tatenlos zu. Um einen neuen Krieg zu vermeiden, ist vor allem Großbritannien zunächst bereit, Hitler gegenüber durch die sogenannte *Appeasement-Politik* Zugeständnisse zu machen. Erst die Besetzung des restlichen tschechischen Staatsgebietes im März 1939 beendet die britische Appeasement-Politik.

Die Schüsse des Linienschiffs SCHLESWIG-HOLSTEIN auf die polnischen Stellungen auf der Westerplatte bei Danzig eröffnen am 1. September 1939 den Zweiten Weltkrieg.

Ein alliiertes Handelsschiff sinkt. Eines der wichtigsten Ziele der deutschen Seekriegsführung ist die Unterbrechung der atlantischen Versorgungswege Großbritanniens.

Mit dem Überfall auf Polen löst Hitler schließlich den Zweiten Weltkrieg aus. Am frühen Morgen des 1. September 1939 eröffnet das vor Danzig liegende alte Linienschiff SCHLESWIG-HOLSTEIN das Feuer auf die polnischen Stellungen auf der Westerplatte.

Gleichzeitig marschieren deutschen Truppen in Polen ein. Entsprechend ihrer am 31. März 1939 abgegebenen Garantieverpflichtung für Polen erklären England und Frankreich Deutschland am 3. September den Krieg.

Von den drei Wehrmachtteilen ist die Marine am wenigsten auf einen Krieg vorbereitet. Angesichts der britischen Kriegserklärung notiert Großadmiral Erich Raeder, der Oberbefehlshaber der Kriegsmarine, am 3. September 1939: *„Die Überwasserstreitkräfte sind ... so gering an Zahl und Stärke ..., dass sie ... nur zeigen können, dass sie mit Anstand zu sterben verstehen.“* Die Kriegsmarine besitzt zwei Schlachtschiffe, drei Panzerschiffe und zwei Schwere Kreuzer. Zwei weitere Schlachtschiffe sind im Bau. Dagegen verfügt die Royal Navy über zwölf Schlachtschiffe (fünf weitere befinden sich im Bau) sowie über drei Schlachtkreuzer und 15 Schwere Kreuzer. Auch bei den kleineren Einheiten ist die britische Marine klar überlegen.

Die Rolle der Kriegsmarine

Bei Kriegsbeginn verfügt die Kriegsmarine über rund 100 000 Offiziere, Unteroffiziere und Mannschaften. Erst 1944 erreicht sie mit über 800 000 Mann ihren stärksten Umfang.

Die Hauptaufgabe der Kriegsmarine ist neben der Sicherung der deutschen Küsten die Bekämpfung der atlantischen Versorgungswege Großbritanniens. Diese sogenannte *Schlacht im Atlantik* währt über die gesamte Dauer des Krieges.

Neben U-Booten werden auch die Schlachtschiffe und Schweren Kreuzer im Handelskrieg eingesetzt. Im Fall der schweren Überwassereinheiten ist der strategische Wert dieser Unternehmungen mindestens ebenso wichtig wie die Versenkung von Handelsschif-

Das brennende Wrack des deutschen Panzerschiffs ADMIRAL GRAF SPEE

fen, denn durch ihren Einsatz wird eine große Zahl britischer Kriegsschiffe im Geleitschutz gebunden.

Trotz einiger Erfolge erweisen sich die deutschen schweren Einheiten mit Ausnahme der dieselgetriebenen Panzerschiffe vom Typ DEUTSCHLAND aufgrund ihrer technisch unausgereiften und daher unzuverlässigen Hochdruck-Heißdampf-Turbinen-Maschinenanlagen sowie ihrer geringen Reichweite als wenig geeignet für den atlantischen Zufuhrkrieg.

Das Fehlen einer eigenständigen Marine-Luftwaffe erschwert der Kriegsmarine die Überwachung des Küstenvorfelds und die Fernaufklärung über See zur Unterstützung des Handelskrieges im Atlantik. Die Zusammenarbeit mit der Luftwaffe bei der Seekriegführung aus der Luft bleibt während der gesamten Kriegsdauer unzulänglich.

Ebenso wie im Ersten Weltkrieg existiert auch im Zweiten Weltkrieg auf deutscher Seite keine militärische Gesamtstrategie. Heer und Luftwaffe verfolgen im Wesentlichen eine kontinentale Strategie. Es gelingt der Marineführung nicht, Hitler und das Oberkommando der Wehrmacht (OKW) von ihrer Vorstellung einer maritim geprägten Gesamtstrategie zu überzeugen.

Einsatz und Selbstversenkung der ADMIRAL GRAF SPEE

Nach erfolgreichem Handelskrieg gerät das deutsche Panzerschiff ADMIRAL GRAF SPEE am 13. Dezember 1939 vor der Ostküste Südamerikas in ein Gefecht mit britischen Kreuzern. Beschädigt zieht sich die ADMIRAL GRAF SPEE in den neutralen Hafen Montevideo zurück. Weil eine Rückkehr nach Deutschland aussichtslos ist, wird das Panzerschiff am 17. Dezember 1939 von seiner Besatzung gesprengt. Da er seine Männer nicht im Kampf gegen einen weit überlegenen Gegner sinnlos opfern will, hat sich der Kommandant, Kapitän zur See Hans Langsdorff, in Absprache mit der Seekriegsleitung zur Selbstversenkung entschlossen. Die Besatzung der ADMIRAL GRAF SPEE wird in Argentinien interniert. Mit dieser Tat beweist Langsdorff Humanität und persönliche Integrität. Er entscheidet sich bewusst dagegen, das Leben seiner Männer um der „Ehre der deutschen Flagge" willen zu opfern. Gegenüber seiner Mannschaft erklärt Langsdorff: *„Für mich sind tausend junge Männer lebend mehr wert als tausend tote Helden."* Hitler dagegen hatte einen Kampf bis zum Untergang erwartet und reagiert auf die Nachricht von der Selbstversenkung mit einem Wutanfall.

Um zu beweisen, dass er nicht aus Feigheit gehandelt hat, nimmt sich Langsdorff zwei Tage später das Leben. Bis heute gedenken die Besatzungsmitglieder der ADMIRAL GRAF SPEE alljährlich am 19. Dezember ihres Kommandanten, dem sie ihr Leben verdanken.

Die Besetzung Norwegens und Dänemarks

Nach dem Sieg über Polen richtet sich das Interesse der deutschen militärischen Führung auf maßgebliches Drängen Großadmiral Raeders zunächst nach Norden.

Am 9. April 1940 überfallen deutsche Marine-, Heeres- und Luftwaffenverbände im Zuge des Unternehmens WESERÜBUNG ohne Kriegserklärung Dänemark und Norwegen. Dadurch wollen Hitler und das Oberkommando der Wehrmacht nicht nur einem britischen Zugriff auf Nordnorwegen zuvorkommen, sondern auch den Nachschub von den schwedischen Erzlagern über den Hafen Narvik sichern und eine Operationsbasis für den Seekrieg im Nordatlantik gewinnen. Dänemark soll dabei als Landbrücke nach Norden dienen.

Allerdings verläuft die Eroberung Norwegens nicht so reibungslos wie die Besetzung Dänemarks. Die von englischen, französischen und polnischen Verbänden verstärkten norwegischen Truppen leisten erbitterten Widerstand, unterliegen aber nach zwei Monaten verlustreicher Kämpfe der deutschen Übermacht. Für die Kriegsmarine endet das Unternehmen WESERÜBUNG mit erheblichen Verlusten. Rund ein Drittel der Gesamtstärke der deutschen Überwasserstreitkräfte geht verloren.

Bis zum Kriegsende bleiben Norwegen und Dänemark besetzt. Damit besitzt das Deutsche Reich auch die Seeherrschaft in der Ostsee und die alleinige Kontrolle über ihre Zugänge.

Im Mai und Juni 1940 erobert die Wehrmacht im Westfeldzug die Niederlande, Belgien und Frankreich. Damit verfügt die Kriegsmarine zwar vom Nordkap bis zur spanisch-französischen Grenze über strategisch günstig gelegene Stützpunkte, doch fehlt es an Überwasser- und Unterwasserstreitkräften, um diesen Vorteil zu nutzen.

Der U-Boot-Krieg

Zwölf Stunden nach der Kriegserklärung Großbritanniens beginnt am Abend des 3. September 1939 der U-Boot-Krieg mit der Versenkung des britischen Passagierschiffs ATHENIA durch das deutsche U-Boot U30. Von den rund 1400 Menschen an Bord des Passagierschiffs sterben 112, darunter mehrere Amerikaner. Die deutsche Marineführung leugnet die Versenkung, um diplomatische Verwicklungen wie nach der Versenkung der LUSITANIA 1915 zu vermeiden.

Deutsche U-Boote im Atlantik

Nach der Besetzung Norwegens und Frankreichs durch die deutsche Wehrmacht machen die deutschen U-Boote ab 1940 von den neu gewonnenen, strategisch günstig gelegenen Stützpunkten aus Jagd auf die alliierten Konvois im Atlantik. Obgleich die Zahl der deutschen U-Boote zunächst gering ist, verzeichnen sie hohe Versenkungsergebnisse bei geringen eigenen Verlusten. Der Erfolg ist vor allem der ab 1940 eingesetzten *Rudeltaktik* zu verdanken, dem per Funkverbindung koordinierten Angriff mehrerer U-Boote auf einen Konvoi. Erst ab Anfang 1941 steigt die Zahl der einsatzbereiten U-Boote.

Während der deutschen Invasion Dänemarks und Norwegens im April 1940 zeigt sich jedoch, dass weder die magnetische Abstandszündung noch die Tiefensteuerung der deutschen U-Boot-Torpedos zuverlässig funktionieren. Diese sogenannte „Torpedokrise" bedeutet einen schweren Rückschlag. Erst ab 1942 stehen den deutschen U-Booten wieder zuverlässige Torpedos zur Verfügung.

Die Atlantikschlacht wird zum Wettlauf zwischen deutschen Versenkungserfolgen und alliiertem Schiffsneubau. Trotz beträchtlicher Versenkungsziffern gelingt es den deutschen U-Booten nicht, Großbritannien wirtschaftlich in die Knie zu zwingen. Ungeachtet immenser Schiffsverluste und einer zeitweiligen Verknappung von Rohstoffen, Rüstungsgütern und Lebensmitteln, vor allem im Jahr 1942, erreichen zwischen 1939 und 1945 insgesamt rund 95 Prozent der Zufuhren sicher die britischen Häfen.

Auf die anfänglichen Erfolge der deutschen U-Boote reagieren die Alliierten mit der Entwicklung verbesserter U-Boot-Abwehrmaßnahmen. Ebenso gelingt es den Briten im Laufe des Jahres 1941, den von den Deutschen für unbrechbar gehaltenen deutschen Funk-Code zu entschlüsseln (Operation ULTRA). Dadurch können die Alliierten ihre Konvois an den ihnen bekannten Positionen der U-Boote vorbeiführen und Schiffsverluste vermeiden.

Der U-Boot-Krieg wird von deutscher Seite in zunehmendem Maße mit technisch unzulänglichen Mitteln geführt, da eine rechtzeitige Anpassung an die alliierten Gegenmaßnahmen nur unzureichend erfolgt.

Der Seekrieg in der Ostsee

Nach der Besetzung Dänemarks und Norwegens besitzt das Deutsche Reich die Seeherrschaft in der Ostsee und die alleinige Kontrolle über ihre Zugänge.

Am 22. Juni 1941 erfolgt auf Hitlers Befehl der deutsche Überfall auf die Sowjetunion. Der Krieg im Osten wird von Anfang an als erbarmungsloser Vernichtungskrieg gegen die sowjetische Bevölkerung geführt. Zugleich beginnen SS-Einheiten hinter der Frontlinie mit Massakern an der Zivilbevölkerung, vor allem an Juden. Auch die Wehrmacht beteiligt sich an diesen Kriegsverbrechen.

Mit Hilfe eines Sperrriegels im Finnischen Meerbusen werden bis 1944 alle Durchbruchversuche sowjetischer Kriegsschiffe weitgehend verhindert. So kann die deutsche Handelsschifffahrt weiterhin ungehindert die von den Deutschen kontrollierte Ostsee befahren, kriegswichtige Güter aus Schweden holen und die Ostfront über See mit Nachschub und Truppen versorgen.

Ebenso steht der Kriegsmarine ein von Kriegshandlungen weitgehend unberührtes Gebiet für die Erprobung von Schiffen und die Ausbildung von Mannschaften zur Verfügung.

Ein brennender alliierter Tanker. Der U-Boot-Krieg im Atlantik wird zum verbissenen Wettlauf zwischen deutschen Versenkungserfolgen und alliiertem Schiffsneubau.

Getarnte Torpedorohre auf dem Hilfskreuzer ORION

Hilfskreuzer

Trotz der guten Erfahrungen während des Ersten Weltkrieges hat die deutsche Kriegsmarine keine Vorbereitungen für die Ausrüstung von Hilfskreuzern getroffen. Erst nach Kriegsbeginn beginnt man mit dem Umbau von Handelsschiffen zu Hilfskreuzern, die seit Anfang 1940 erneut einigen Schaden unter der gegnerischen Handelsschifffahrt anrichten und starke feindliche Kräfte binden können. Sie operieren weltweit.

Eine wichtige Voraussetzung für den erfolgreichen Einsatz der Hilfskreuzer ist die Unterstützung durch Versorgungsschiffe. Im Juni 1941 wird das deutsche Nachschubnetz im Atlantik systematisch aufgerollt. Damit wird der Einsatz der deutschen Hilfskreuzer deutlich erschwert.

Der erfolgreichste Hilfskreuzer des Zweiten Weltkriegs ist die ATLANTIS. Während einer 622 Seetage dauernden Reise vom 31. März 1940 bis zur Selbstversenkung nach einem Gefecht mit einem britischen Kreuzer am 22. November 1941 fallen der ATLANTIS insgesamt 22 gegnerische Handelsschiffe zum Opfer. Die Besatzung der ATLANTIS kann auf U-Booten und Versorgern die von den Deutschen besetzten Häfen in Frankreich erreichen.

Am 19. November 1941 kommt es an der australischen Westküste nahe Perth zu einem Gefecht zwischen dem deutschen Hilfskreuzer KORMORAN und dem australischen Leichten Kreuzer SYDNEY. Beide Schiffe sinken infolge der im Gefecht erlittenen Schäden, die SYDNEY ohne Überlebende. Insgesamt finden 80 deutsche und 645 australische Seeleute den Tod. Im März 2008 werden die Wracks der KORMORAN und der SYDNEY nach langer Suche wiederentdeckt.

Als letzter deutscher Handelsstörer wird im Oktober 1943 der Hilfskreuzer MICHEL im Pazifik versenkt.

Die Sicherungsverbände

Die Hauptaufgaben der Sicherungsverbände sind Aufklärungs- und Vorpostendienst, Geleitdienst, U-Boot-Jagd sowie die Minenkriegführung. Dafür setzt die Kriegsmarine außer Kriegsschiffen auch zahlreiche Zivilfahrzeuge wie Handelsschiffe oder Fischkutter ein, die bewaffnet und zu Hilfskriegsschiffen umgerüstet werden. Die in 126 Flottillen zusammengefassten Küstenschutz-, Sicherungs-, Minensuch-, Minenräum- und Geleitfahrzeuge operieren während des gesamten Krieges an fast allen Küsten Europas.

Die Sicherungsverbände bilden mit einer Personalstärke von mehr als 126 000 Mann einen bedeutenden Teil der Kriegsmarine.

Das Unternehmen Rheinübung

Nach den Einsätzen des Panzerschiffs ADMIRAL SCHEER und des Schweren Kreuzers ADMIRAL HIPPER führen auch die Schlachtschiffe SCHARNHORST und GNEISENAU Anfang 1941 im Zuge der Operation BERLIN Handelskrieg im Atlantik. Das erfolgreiche Unternehmen scheint Großadmiral Raeders Überzeugung zu bestätigen, dass der Einsatz der schweren Überwassereinheiten gegen die britischen Versorgungslinien von kriegsentscheidender Bedeutung ist. Daher befiehlt er ein neues Unternehmen.

Am 18. Mai 1941 laufen das neue Schlachtschiff BISMARCK und der Schwere Kreuzer PRINZ EUGEN zur Operation RHEINÜBUNG in den Atlantik aus. Ursprünglich sollten auch SCHARNHORST und GNEISENAU eingesetzt werden, doch sind beide Schlachtschiffe nicht auslaufbereit.

Am 24. Mai versenkt die BISMARCK den britischen Schlachtkreuzer HOOD. Nur drei von 1418 Besatzungsmitgliedern überleben den Untergang. Obgleich die BISMARCK ihren Verfolgern zunächst entkommt, wird das infolge eines Flugzeugtorpedotreffers manövrierunfähige deutsche Schlachtschiff am 27. Mai von einer überlegenen britischen Seestreitmacht

Rettung der Überlebenden der BISMARCK durch den britischen Kreuzer DORSETSHIRE

versenkt. Von den 2220 Mann an Bord werden nur 116 Seeleute gerettet. Vor einigen Jahren wurden die Wracks der BISMARCK und der HOOD gefunden und zu Kriegsgräbern erklärt. Ebenso wird im Marine-Ehrenmal in Laboe der gefallenen Seeleute beider Nationen gedacht.

Der PRINZ EUGEN, die nach der Versenkung der HOOD zum eigenständigen Handelskrieg entlassen worden war, gelingt es, den britischen Verfolgern zu entgehen. Am 1. Juni 1941 erreicht der Schwere Kreuzer den von den Deutschen besetzten Hafen von Brest an der französischen Atlantikküste.

Der Untergang der BISMARCK markiert das Ende des Einsatzes der schweren Überwasserschiffe im Handelskrieg und damit auch das Scheitern der Offensivstrategie des Oberkommandos der Marine. Der Kampf gegen die britischen Konvois wird fortan vor allem mit U-Booten geführt.

Der Kriegseintritt der USA

Am 11. Dezember 1941, vier Tage nach dem Angriff Japans auf Pearl Harbor, erklärt Hitler den USA den Krieg.

Schon vor dem offiziellen Kriegseintritt hat sich die US-Navy aktiv an der Bekämpfung deutscher U-Boote beteiligt. Trotzdem schenken die Amerikaner den britischen Erfahrungen in der Schlacht im Atlantik nur wenig Beachtung. Die Folge sind hohe Verluste unter der Handelsschifffahrt entlang der amerikanischen Ostküste durch deutsche U-Boote, bevor auch hier geschützte Geleitzüge eingeführt werden.

Mit dem Kriegseintritt der USA weitet sich der Konflikt endgültig zum Weltkrieg aus, der für das Deutsche Reich angesichts der strategischen Lage in Europa mit den vorhandenen Mitteln nicht zu gewinnen ist. Noch im Winter 1941 geht die sowjetische Rote Armee zum Gegenangriff über. Nach dem Scheitern der deutschen Sommeroffensive des Jahres 1942 beginnt der allmähliche Rückzug der Wehrmacht nach Westen.

Gleichzeitig werden durch die Unterstützung der mit Deutschland verbündeten Italiener auf dem Balkan und in Nordafrika erhebliche Kräfte von Heer, Luftwaffe und Kriegsmarine im Mittelmeerraum gebunden.

An der Ostfront wird von deutscher Seite in wachsendem Maße ein rassenideologisch begründeter Vernichtungskrieg geführt. Zudem erfolgt ab 1942 der industriell organisierte Massenmord von Juden, Kriegsgefangenen, politisch Verfolgten, Homosexuellen sowie ethnischen und religiösen Minderheiten in den deutschen Konzentrationslagern.

Unternehmen CERBERUS

Aufgrund massiver britischer Bombenangriffe auf die französischen Atlantikhäfen werden Anfang 1942 die Schlachtschiffe SCHARNHORST und GNEISENAU zusammen mit dem Schweren Kreuzer PRINZ EUGEN zurück nach Deutschland befohlen.

Für die Rückführung wird der kurze, aber riskante Weg durch den Ärmelkanal gewählt. Das Unternehmen erhält den Decknamen CERBERUS. Am 12./13. Februar 1942 laufen die drei von starken Sicherungskräften geschützten Schiffe durch den Englischen Kanal. Die Briten werden von dem Unternehmen überrascht. Allen drei Schiffen gelingt der Kanaldurchbruch, allerdings erhalten die beiden Schlachtschiffe Minentreffer. Das Schlachtschiff GNEISENAU wird später durch Luftangriffe schwer beschädigt und außer Dienst gestellt. Taktisch ist der Kanaldurchbruch ein Erfolg, strategisch gesehen dagegen ein Rückzug.

Operation CERBERUS, der Durchbruch von SCHARNHORST, GNEISENAU und PRINZ EUGEN durch den Ärmelkanal im Februar 1942

Das Schicksal der schweren Schiffe

Ende Dezember 1942 scheitert die Operation REGENBOGEN, ein Angriff der in Norwegen liegenden schweren Überwassereinheiten auf einen alliierten Konvoi. Hitler, der angesichts der Krise um Stalingrad auf eine Erfolgsmeldung der Marine hofft, reagiert mit großer Heftigkeit auf die Nachricht von diesem Misserfolg und fordert Anfang 1943 von Raeder die Verschrottung der seiner Ansicht nach nutzlosen schweren Einheiten. Der Konflikt führt zur Ablösung Großadmiral Raeders als Oberbefehlshaber der Marine durch den Befehlshaber der U-Boote, Admiral Karl Dönitz, der die Außerdienststellung und Abwrackung der Schlachtschiffe und Kreuzer abwenden kann. Die schweren Überwasserschiffe sollen fortan von Norwegen aus die alliierten Konvois zur Versorgung der Sowjetunion im Nordmeer bedrohen und dadurch starke feindliche Kräfte im Geleitschutz binden.

Am 26. Dezember 1943 wird das Schlachtschiff SCHARNHORST bei einem Angriff auf einen alliierten Konvoi im Nordmeer versenkt. Nur 36 der 1968 Mann starken Besatzung werden gerettet. Die TIRPITZ, das letzte verbliebene deutsche Schlachtschiff, kentert am 12. November 1944 nach einem britischen Luftangriff im norwegischen Sandnessund, wobei 1204 Seeleute ihr Leben verlieren.

Die Wende des Krieges

Ab 1942 erreicht der Krieg auch Deutschland, als die Briten und Amerikaner mit dem Flächenbombardement der deutschen Großstädte beginnen. Unterdessen gelingt es der Roten Armee an der Ostfront mit gewaltiger Anstrengung und dank massiver materiel-

Blick auf das zerstörte Kiel. Flächenbombardements hatten neben der Zerstörung kriegswichtiger Industriebetriebe vor allem den Zweck, den Widerstandswillen der Zivilbevölkerung zu schwächen.

ler Unterstützung durch die Westalliierten, die Wehrmacht immer weiter zurückzudrängen. Spätestens mit der Niederlage von Stalingrad im Februar 1943 zeichnet sich immer deutlicher ab, dass der Krieg für Deutschland verloren ist. Seit Mitte 1943 steigen auch in der Ostsee die deutschen Schiffsverluste durch alliierte Luftangriffe. An allen Fronten sind die deutschen Truppen auf dem Rückzug.

Die Wende im U-Boot-Krieg

1943 zeichnet sich auch die Wende im U-Boot-Krieg ab. Die Organisation der alliierten Konvois wird ständig verbessert. Ebenso macht sich allmählich die gewaltige Baukapazität der amerikanischen Werften bemerkbar. Die Tonnage der Neubauten beginnt die der versenkten Schiffe zu übertreffen.

Nach hohen U-Boot-Verlusten bricht Dönitz Ende Mai 1943 die Geleitzugschlachten im Atlantik ab. Fortan passieren die alliierten Konvois die Nordatlantikroute fast ungehindert. In der letzten Kriegsphase erzielen die deutschen U-Boote nur noch Gelegenheitserfolge, während ihre Verluste weiter steigen. Daran ändert auch die Entwicklung neuer, moderner U-Boot-Typen nichts. Ihr Einsatz Anfang 1945 kommt viel zu spät, um eine erneute Wende im Seekrieg herbeizuführen.

Die wesentlichen Gründe für die deutsche Niederlage in der Atlantikschlacht sind die zu geringe Zahl der deutschen U-Boote, die kontinuierliche Verbesserung der alliierten Konvoi-Sicherung, die Entschlüsselung des deutschen Marinefunkcodes, die Funk- und Radarortung sowie die ständig ausgeweitete und zuletzt den gesamten Atlantik umfassende Luftüberwachung der Alliierten.

Die deutschen U-Boote versenken während des Zweiten Weltkriegs 2831 alliierte und neutrale Handelsschiffe mit insgesamt 14,3 Millionen Bruttoregistertonnen. Von den insgesamt 1171 im Zweiten Weltkrieg in Dienst gestellten deutschen U-Booten gehen 781 verloren; von den rund 41 000 deutschen U-Bootfahrern verlieren fast 27 000 ihr Leben – ebenso wie tausende alliierte Seeleute.

Operation OVERLORD Die alliierte Landung in der Normandie

Im Sommer 1944 beginnt die Endphase des Zweiten Weltkriegs. Die Landung britischer, kanadischer und amerikanischer Truppen in der Normandie am 6. Juni markiert den Auftakt zur Befreiung Europas von der deutschen Besetzung. Es werden insgesamt 5300 Schiffe, 11 000 Flugzeuge und 50 000 Soldaten eingesetzt. Damit ist die Operation OVERLORD das größte Landungsunternehmen der Geschichte. Bis zum Herbst stoßen amerikanische Truppen bis an die Reichsgrenze im Westen vor.

Oberleutnant zur See Oskar Kusch

Gleichzeitig setzt die Rote Armee an der Ostfront zu einer neuen Großoffensive an. Am 29. Juli erreichen die sowjetischen Truppen die Rigaer Bucht. Nun wird auch die Ostsee, bis dahin faktisch ein deutsches Binnenmeer, zum Kriegsgebiet.

Widerstand gegen den Nationalsozialismus

Am 20. Juli 1944 scheitert der Versuch einer Gruppe deutscher Offiziere, zu der unter anderem Oberst Claus Schenk Graf von Stauffenberg und Generaloberst Ludwig Beck gehören, Hitler durch ein Attentat zu beseitigen und den aussichtslosen Krieg zu beenden. Von Seiten der Marine sind nur Korvettenkapitän Alfred Kranzfelder und Marineoberstabsrichter Berthold Graf von Stauffenberg, ein Bruder von Oberst Claus Graf von Stauffenberg, an der Verschwörung beteiligt. Die Mehrzahl der Marineoffiziere vertritt die Auffassung, dass sich die Ereignisse von 1918 nicht wiederholen dürfen, und lehnt die Beteiligung an einem gewaltsamen Umsturz strikt ab. Noch lange nach Kriegsende verweigern viele ehemalige Offiziere der Kriegsmarine den Verschwörern des 20. Juli ihre Anerkennung.

Dennoch gibt es auch in der Kriegsmarine Gegner des Nationalsozialismus, die zum Teil ihre Ablehnung des NS-Unrechtssystems ähnlich wie Kranzfelder und die anderen Verschwörer des 20. Juli mit ihrem Leben bezahlen.

So wird der U-Boot-Kommandant Oskar Kusch 1943 von seinem Ersten Wachoffizier wegen einiger abfälliger Bemerkungen über Hitler denunziert, vor ein Kriegsgericht gestellt und zum Tode verurteilt. Die Begründung für das Todesurteil lautet, Kusch lehne den Nationalsozialismus ab, habe den Glauben an den Endsieg verloren und sich wiederholt negativ über Hitler geäußert. Weder seine Vorgesetzten noch Großadmiral Dönitz halten eine Begnadigung oder Strafmilderung für angebracht. Am 12. Mai 1944 wird Oskar Kusch in Kiel hingerichtet. 1996 wird das Unrechtsurteil gegen Kusch offiziell aufgehoben.

Die alliierte Landung in der Normandie am 6. Juni 1944

US 262
US 310

Die Kriegsmarine und das NS-Regime

Hatte die Kriegsmarine unter der Führung von Großadmiral Raeder – zumindest äußerlich – noch eine gewisse Distanz zum NS-Regime gehalten, gerät sie ab 1943 unter ihrem neuen Oberbefehlshaber Großadmiral Dönitz in zunehmendem Maße in den Bann der NS-Ideologie.

Auch die Kriegsmarine verstrickt sich in die NS-Verbrechen. Zwangsarbeiter werden für den Bau von U-Booten und U-Boot-Bunkern eingesetzt. 1941 kommt es am Strand von Libau mit Wissen des dortigen Seekommandanten zu Erschießungen von Juden. Ebenso gehören Ende 1944 Marinesoldaten zum Wachpersonal eines Konzentrationslagers im nordfriesischen Ladelund.

Zudem begehen auch Angehörige der Kriegsmarine Kriegsverbrechen. So versenkt das U-Boot U 852 im März 1944 im Südatlantik den griechischen Frachter PELEUS. Um die Spuren zu verwischen, lässt der Kommandant, Kapitänleutnant Heinz-Wilhelm Eck, auf die Trümmer und Überlebenden schießen. Nur drei Besatzungsmitglieder der PELEUS überleben. Nach der deutschen Kapitulation werden Eck und vier weitere Besatzungsmitlieder von U 852 vor ein britisches Militärgericht gestellt. Eck und zwei Angeklagte werden zum Tode verurteilt und am 30. November 1945 erschossen, die übrigen Angeklagten erhalten langjährige Haftstrafen.

Bis zuletzt gehorcht die Kriegsmarine Hitlers Befehlen. Die meisten Marineangehörigen kämpfen im guten Glauben, ihre Heimat zu verteidigen, ohne zu wissen, dass sie von einem verbrecherischen Regime missbraucht werden. Andere fühlen sich trotz

An der Ostfront verwundete Soldaten werden auf das Lazarettschiff BERLIN gebracht.

Am 25. Januar 1945 beginnt die größte Evakuierungsaktion der Geschichte. Bis zur deutschen Kapitulation am 8./9. Mai 1945 werden auf rund 700 Schiffen hunderttausende Männer, Frauen und Kinder in den Westen, vor allem nach Dänemark und Schleswig-holstein, evakuiert.

ihres Wissens um die NS-Verbrechen an ihren Eid gebunden. Ebenso gab es aber auch in der Kriegsmarine vor allem unter den jüngeren Soldaten überzeugte Nationalsozialisten. Wie weit die politische Indoktrination durch das NS-System die Soldaten der Kriegsmarine tatsächlich erfasst hat, ist jedoch nicht feststellbar. Viele Marineangehörige glauben bis zum Ende der NS-Propaganda, obgleich es auch innerhalb der Kriegsmarine Anzeichen für Kriegsmüdigkeit gibt.

Unter allen Umständen soll eine Wiederholung der Ereignisse vom November 1918, als die Meuterei der Hochseeflotte eine Revolution auslöste, vermieden werden. Daher legt die Kriegsmarine großen Wert auf gute Menschenführung. Wer sich systemkonform verhält, wird gut behandelt. Zugleich geht die Marinejustiz erbarmungslos gegen „Fahnenflucht“ und „Wehrkraftzersetzung“ vor. Ziel ist die unerbittliche Durchsetzung der Disziplin. Wie auch in der übrigen Wehrmachtsjustiz werden selbst verhältnismäßig geringfügige Straftaten in vielen Fällen mit unangemessen harten Urteilen geahndet. Je näher die Niederlage rückt, desto härter werden die Strafen. Noch zwei Tage nach der Kapitulation im Mai 1945 werden in der Geltinger Bucht die letzten Todesurteile wegen Fahnenflucht vollstreckt.

Im Verlauf des Krieges werden mehrere tausend Marinesoldaten exekutiert. Nicht alle von der Kriegsmarinejustiz zum Tode Verurteilten sind Widerstandskämpfer. Viele haben sich im strafrechtlichen Sinne schuldig gemacht. Sie wurden für Verbrechen wie Mord, Vergewaltigung oder Raub verurteilt, die auch von zivilen Gerichten hart bestraft worden wären. Das oftmals überzogene Strafmaß der Kriegsgerichtsurteile zeigt jedoch, dass es dabei nicht um die Aufrechterhaltung der Rechtsordnung, sondern um eine Disziplinierung im Sinne des NS-Regimes ging. Daher darf man auch sie als Opfer des Zweiten Weltkriegs nicht vergessen. Zahlreiche Unrechtsurteile der Kriegsmarinegerichte werden später von Gerichten der Bundesrepublik Deutschland nachträglich aufgehoben.

Die Ostsee wird Kriegsgebiet

Ab Oktober 1944 unterstützt die Kriegsmarine in der Ostsee die Wehrmacht im Kampf gegen die vorrückende Rote Armee. Die noch verbliebenen deutschen Seestreitkräfte werden zum Schutz der deutschen Häfen und zur Sicherung der Nachschubkonvois für die Ostfront eingesetzt. Später greifen deutsche Kriegsschiffe auch direkt in die Kämpfe ein, indem sie mit ihren Geschützen den eigenen Truppen Feuerunterstützung geben.

Evakuierung deutscher Soldaten von der Insel Ösel. Trotz erbitterter Gegenwehr werden die deutschen Truppen an der Ostfront immer weiter zurückgedrängt.

Das Vordringen der sowjetischen Truppen entlang der Ostseeküste gefährdet auch die Ausbildung der deutschen U-Boot-Besatzungen. Großadmiral Karl Dönitz, der immer noch auf eine neue U-Boot-Offensive hofft, ist daher ebenso wie Hitler ein entschiedener Verfechter einer starren, unnachgiebigen Verteidigung der Ostfront ohne Rücksicht auf Verluste.

Trotz erbitterter Gegenwehr kann die deutsche Wehrmacht den Vormarsch der sowjetischen Truppen höchstens verlangsamen, aber nicht aufhalten. Die deutschen Soldaten kämpfen nicht nur aus Furcht vor der russischen Kriegsgefangenschaft, sondern auch, um den Flüchtlingstrecks den Weg nach Westen offen zu halten.

Zynisch spekuliert die NS-Führung auf den Verteidigungswillen der deutschen Soldaten, als sie die rechtzeitige Evakuierung der deutschen Ostgebiete verbietet. Die starrsinnige Durchhaltepolitik hat zur Folge, dass viele Menschen erst inmitten der Gefechte des letzten Kriegswinters die Flucht antreten.

Die sowjetische Januar-Offensive

Hitler und die NS-Führung haben endgültig jeden Bezug zur Wirklichkeit verloren. Sie weigern sich, die Ausweglosigkeit der Lage zu erkennen. Das gilt auch für viele militärische Führer. Als letztes Aufgebot werden Jugendliche und alte Männer unausgebildet und unzureichend bewaffnet als sogenannter Volkssturm an die Front geschickt und militärisch sinnlos „verheizt".

Die Verluste steigen auf beiden Seiten ins schier Unermessliche. Allein in den letzten fünf Kriegsmonaten fällt jeweils eine Million deutscher und russischer Soldaten.

Zu Beginn des Jahres 1945 ist die deutsche Niederlage nur noch eine Frage der Zeit. Entschlossen setzt die Rote Armee am 15. Januar 1945 zum Schlussangriff auf das Deutsche Reich an. Der durch das Vorgehen der Deutschen in der Sowjetunion gesäte Hass schlägt nun durch blutige Racheakte der sowjetischen Soldaten auf die vermeintlichen Verursacher zurück: Vergewaltigungen, Erschießungen, Plünderungen und Misshandlungen begleiten den Vormarsch der Roten Armee. Viele Menschen begehen Selbstmord, um der Rache der Sieger zu entgehen.

Bereits am 30. Januar bilden sowjetische Truppen bei Küstrin den ersten Brückenkopf auf dem Westufer der Oder, nur 60 Kilometer von Berlin entfernt. Am 27. Januar erreichen sowjetische Angriffsverbände in der Nähe von Elbing die Ostseeküste und unterbrechen damit die Verbindung zwischen den deutschen Truppen in Ost- und Westpreußen.

Flüchtlingstransport auf einer Siebelfähre. In den letzten Wochen des Zweiten Weltkrieges fliehen Hunderttausende über die Ostsee vor der Roten Armee.

Die Flucht über die Ostsee

Unter der deutschen Zivilbevölkerung löst der Vormarsch der Roten Armee eine regelrechte Flüchtlingslawine aus. Bis Ende Januar 1945 befinden sich fünf Millionen Deutsche auf der Flucht vor den sowjetischen Truppen.

In einem spektakulären Rettungsunternehmen werden von Ende Januar 1945 bis Kriegsende hunderttausende auf rund 700 Passagierschiffen, Frachtern, Fähren, Schleppern und Kriegsschiffen nach Westen, vor allem nach Schleswig-Holstein, evakuiert.

Bis in die letzten Kriegstage besitzt jedoch der Transport von Verwundeten und militärischen Gütern oberste Priorität. Nur wenn an Bord der Transport-

Die WILHELM GUSTLOFF in Gdingen, heute Gdynia, im Juli 1944. Die Versenkung des ehemaligen Passagierschiffs am 30. Januar 1945 gilt als die größte Schifffahrtskatastrophe aller Zeiten.

schiffe noch Platz ist, dürfen Flüchtlinge mitfahren. Nicht der Marineführung und Großadmiral Karl Dönitz, wie häufig behauptet, sondern Dienststellen und Einzelpersonen vor Ort, die oft sogar gegen ihre Befehle handelten, verdanken die meisten der Geretteten ihr Leben. Jedoch unternimmt Dönitz keine Schritte, um die Evakuierungsbemühungen der Dienststellen vor Ort zu unterbinden.

Die Evakuierung verläuft nicht ohne Verluste; auch die Flüchtlingstransporter werden zu Kriegszielen. Etwa ein Zehntel der für die Evakuierung eingesetzten Schiffe wird versenkt; rund 25 000 Menschen verlieren dabei ihr Leben. Zu den höchsten Verlusten kommt es bei den Versenkungen der Schiffe WILHELM GUSTLOFF, GENERAL STEUBEN und GOYA, bei denen insgesamt rund 20 000 Menschen ums Leben kommen.

Die Versenkung der WILHELM GUSTLOFF

Am 30. Januar 1945 verlässt die 1937 als Passagierschiff für die Deutsche Arbeitsfront vom Stapel gelaufene WILHELM GUSTLOFF den Hafen von Gotenhafen, das heutige Gdynia. An Bord drängen sich mehr als 10 000 Flüchtlinge, Verwundete und Marineangehörige.

Am gleichen Abend gegen 21.15 Uhr wird das Schiff von drei Torpedos des sowjetischen U-Boots S-13 getroffen und beginnt zu sinken. Die Torpedierung ist juristisch kein Kriegsverbrechen, da die WILHELM GUSTLOFF als Truppentransporter und damit laut Kriegsvölkerrecht als legitimes Angriffsziel gilt.

Das zum Geleitschutz der WILHELM GUSTLOFF gehörende Torpedoboot LÖWE sowie das zu Hilfe geeilte Torpedoboot T36 bergen so viele Menschen wie möglich aus dem eiskalten Wasser der Ostsee, müssen aber schließlich ablaufen, um nicht selbst Opfer eines Angriffs zu werden. Auch der in der Nähe befindliche Schwere Kreuzer ADMIRAL HIPPER mit 1500 Verwundeten an Bord muss wegen der U-Boot-Gefahr weiterfahren. Später bergen andere Schiffe noch rund 200 weitere Überlebende.

Der Untergang der WILHELM GUSTLOFF fordert mindestens 9000 Todesopfer; nur 1252 Menschen überleben die wohl größte Schifffahrtskatastrophe aller Zeiten. Das Wrack der WILHELM GUSTLOFF liegt bis heute in 42 Metern Tiefe auf dem Grund der Ostsee und gilt inzwischen als geschütztes Seekriegsgrab. Im Marine-Ehrenmal in Laboe erinnert ein Bullauge der WILHELM GUSTLOFF an die Menschen, die damals den Tod gefunden haben.

Die WILHELM GUSTLOFF bleibt nicht das einzige Opfer von S-13. Am 10. Februar versenkt das sowjetische U-Boot den Passagierdampfer GENERAL STEUBEN. Nur etwa 300 der weit über 3000 Schiffbrüchigen werden gerettet.

Das Unternehmen Rettung

Ungeachtet der zunehmenden sowjetischen U-Boot- und Luftangriffe werden die Transporte nach Westen weiter fortgesetzt.

Bis in die letzten Kriegstage hinein wird das Handeln der Verantwortlichen nicht von dem Gedanken an die Evakuierung von Flüchtlingen, sondern von der Weiterführung des bereits verlorenen Kriegs bestimmt. Erst am 6. Mai, nur zwei Tage vor der bedingungslosen Kapitulation, erteilt Großadmiral Dönitz, nach Hitlers Selbstmord am 30. April 1945 dessen Nachfolger als Staatsoberhaupt und Oberbefehlshaber der Wehrmacht, den Befehl, der Rettung von Menschen die höchste Priorität zu geben. Alle verfügbaren Schiffe werden nach Osten in Marsch gesetzt, um so viele Flüchtlinge wie möglich an Bord zu nehmen; bis zum 8. Mai werden noch 111 000 Soldaten und 6300 Verwundete nach Westen verschifft – aber nur 5400 Flüchtlinge.

Nach offiziellen Zahlen werden in den letzten 115 Tagen des Kriegs mindestens zwei Millionen Menschen auf dem Seeweg in den Westen, vor allem nach Dänemark und Schleswig-Holstein, evakuiert. Neueste Forschungen gehen jedoch davon aus, dass diese

Ein Flüchtlingstreck. Die starrsinnige Durchhaltepolitik der NS-Führung hat zur Folge, dass viele Menschen erst inmitten der Gefechte des letzten Kriegswinters die Flucht vor der vorrückenden Roten Armee antreten.

Zahlen geschönt sind. Vermutlich werden insgesamt nur 800 000 bis 900 000 Flüchtlinge und 350 000 Verwundete über See gerettet.

Ohne die gewaltige Leistung sowohl der Befehlsstellen als auch der Besatzungen der beteiligten Schiffe schmälern zu wollen, bleibt die Bilanz dieser größten maritimen Evakuierungsaktion der Geschichte zwiespältig. Hätte die deutsche Marineführung rechtzeitig den Schwerpunkt auf die Evakuierung gelegt, hätten viel mehr, vielleicht sogar alle Flüchtlinge gerettet werden können. So geraten drei bis vier Millionen Deutsche in den Machtbereich der Roten Armee.

Auch nach Kriegsende geht die Vertreibung der deutschen Bevölkerung in den von sowjetischen Truppen besetzten Gebieten Osteuropas weiter. Zahllose Männer, Frauen und Kinder werden zu Opfern des von Hitler begonnenen Krieges und der aggressiven Expansionspolitik Stalins. Bis 1950 müssen etwa 12,5 Millionen Deutsche zwangsweise ihre Heimat verlassen. Mancherorts kommt es zu regelrechten Pogromen an den Deutschen, viele Menschen sterben auf dem entbehrungsreichen Marsch nach Westen.

Das Ende des Zweiten Weltkriegs

Am 30. April 1945 nimmt sich Hitler im Führerbunker unter der Reichskanzlei das Leben. Vor seinem Selbstmord hat er den Oberbefehlshaber der Kriegsmarine, Großadmiral Karl Dönitz, zu seinem Nachfolger als Staatsoberhaupt und Oberbefehlshaber der Wehrmacht ernannt. Als dieser vom Tod Hitlers erfährt, beruft er in der Marineschule in Flensburg-Mürwik eine „geschäftsführende Reichsregierung" ein und beginnt Waffenstillstandsverhandlungen mit den Briten.

Deutschland nach dem Ende des Zweiten Weltkriegs. Die Bilanz dieses verheerendsten Kriegs der Geschichte: 55 Millionen Tote und ein zerstörtes Europa.

Großadmiral Karl Dönitz nach seiner Verhaftung in Flensburg durch die britischen Besatzungtruppen am 23. Mai 1945

Mit der deutschen Kapitulation – am 7. Mai 1945 in Reims und am 8./9. Mai 1945 in Berlin-Karlshorst – ist der Zweite Weltkrieg in Europa beendet. Damit hört auch die Kriegsmarine auf zu existieren. Zwei Wochen später, am 23. Mai, werden Dönitz und seine „Kabinettsmitglieder" von den Briten verhaftet. Im Pazifik geht der Krieg weiter, bis Japan nach dem Abwurf von zwei Atombomben auf die Städte Hiroshima und Nagasaki den Kampf aufgibt und am 15. August 1945 ebenfalls bedingungslos kapituliert.

Die wichtigste Erkenntnis des Zweiten Weltkriegs ist, dass See-, Land- und Luftstreitkräfte untrennbar miteinander verbunden sind. Zugleich zeigt sich die Überlegenheit des Flugzeugträgers gegenüber dem mit Artillerie bewaffneten Schlachtschiff.

Die Bilanz dieses von Deutschland entfesselten, fast sechs Jahre dauernden, größten Land-, Luft- und Seekriegs der Geschichte sind ein zerstörtes Europa und über 55 Millionen Tote, von denen 20 bis 30 Millionen Zivilisten sind, die bei Kampfhandlungen oder durch Luftangriffe, Deportation und Massentötungen ihr Leben verloren haben – unter ihnen auch sechs Millionen Juden, die in deutschen Konzentrationslagern systematisch ermordet wurden. Weitere 20 Millionen Menschen sind als Zwangsarbeiter verschleppt worden oder haben ihre Heimat verloren. Mehr als 5,2 Millionen deutsche Soldaten, davon rund 120 000 Angehörige der Kriegsmarine, sind gefallen.

Zu den Angeklagten im Nürnberger Hauptkriegsverbrecherprozess gehören neben Hermann Göring auch die ehemaligen Oberbefehlshaber der Kriegsmarine, die Großadmirale Dönitz (hinter Göring) und Raeder (neben Dönitz).

Der Neubeginn 1945–1955

Nach der Kapitulation soll Deutschland nach dem Willen der Alliierten entmilitarisiert werden. Doch schon bald zerfällt die Siegerkoalition. Eine Folge des beginnenden Kalten Kriegs zwischen den Westalliierten und der Sowjetunion ist die Teilung Deutschlands. 1949 werden die Bundesrepublik Deutschland und die Deutsche Demokratische Republik gegründet. Beide deutsche Staaten beginnen mit den Vorbereitungen zum Aufbau eigener Streitkräfte.

Das Kriegsende

Mit der Kapitulation am 8./9. Mai 1945 hört der deutsche Staat faktisch auf zu existieren. Stattdessen übernehmen die Alliierten die Regierungsgewalt in Deutschland, das in je eine amerikanische, französische, britische und sowjetische Besatzungszone aufgeteilt wird. In ähnlicher Weise wird Berlin von den Alliierten in vier Sektoren gegliedert, wobei jede Besatzungsmacht einen dieser Bereiche kontrolliert.

Vorrangige Ziele der Alliierten sind die Entnazifizierung und Entmilitarisierung Deutschlands, die Bestrafung von Kriegsverbrechen und die Zerstörung des deutschen Rüstungspotentials.

Der Nürnberger Hauptkriegsverbrecherprozess

Die überlebenden Verantwortlichen des NS-Regimes werden von August 1945 bis Oktober 1946 im Nürnberger Hauptkriegsverbrecherprozess von den Alliierten vor Gericht gestellt. Zu den Angeklagten gehören neben Hermann Göring, dem einzigen noch lebenden Mitglied der engeren NS-Führung, auch die ehemaligen Oberbefehlshaber der Kriegsmarine, die Großadmirale Dönitz und Raeder. Es ist der Versuch, die von der NS-Führung begangenen Verbrechen gegen den

Frieden, das Kriegsrecht und die Menschenrechte juristisch aufzuarbeiten.

Der Prozess endet mit zahlreichen Todesurteilen, aber auch mit Haftstrafen und mit Freisprüchen. Göring wird zum Tode verurteilt, entzieht sich aber der Hinrichtung durch Selbstmord. Die Großadmirale Dönitz und Raeder werden zu Gefängnisstrafen verurteilt. Dönitz wird wegen „Verbrechen gegen den Frieden“ zu zehn Jahren Gefängnis verurteilt. Raeder erhält wegen „Planung und Führung eines Angriffskriegs“ eine lebenslange Haftstrafe, wird aber vorzeitig entlassen. Viele ehemalige Angehörige der Kriegsmarine betrachten die Verurteilung von Dönitz und Raeder als unrechtmäßig.

Der Minenräumdienst

Bereits kurz nach der deutschen Kapitulation beginnt der Minenräumdienst deutscher Seeleute unter alliiertem Kommando. Sie sollen die von allen kriegführenden Mächten in großer Zahl ausgelegten Seeminen beseitigen, die eine erhebliche Gefahr für die Schifffahrt darstellen.

Noch im Mai 1945 wird von den Briten und Amerikanern die aus 300 Einheiten mit 27 000 Mann bestehende German Minesweeping Administration

Bereits wenige Wochen nach Kriegsende beginnen deutsche Minenräumkommandos unter alliiertem Kommando mit der Beseitigung der Hinterlassenschaften des Seekriegs. Statt der deutschen Flagge führen die Minensuchboote die Flagge „C“ des internationalen Flaggenalphabets als Unterscheidungssignal.

Vom 24. Juni 1948 bis zum 12. Mai 1949 blockiert die Sowjetunion die Zufahrtswege nach West-Berlin. Die Westalliierten versorgen die Stadt mit Hilfe von Flugzeugen über eine Luftbrücke.

(GM/SA) ins Leben gerufen, um die Minenfelder in Nord- und Ostsee zu räumen. Die deutschen Minenräumkommandos beseitigen mehrere Tausend Seeminen. Rund 400 Angehörige der Minensuchverbände verlieren dabei ihr Leben.

Weder von den Angehörigen der GM/SA noch von den Alliierten werden die Minenräumverbände als Keimzelle einer neuen deutschen Marine gesehen. Weil jedoch die Sowjetunion in der GM/SA eine versteckte deutsche Wiederaufrüstung sieht, wird diese 1947 von den Briten aufgelöst. Von 1948 bis 1951 setzt der Deutsche Minenräumverband (DMRV) mit zwölf Minenräumbooten und etwa 600 Zivilangestellten unter britischer Aufsicht die Minenbeseitigung fort. Die Amerikaner gründen 1951 mit der Labour Service Unit – B (LSU „B") ebenfalls einen Minenräumverband. Er umfasst 20 Einheiten mit 1000 Mann und besteht bis 1956.

Der Beginn des Kalten Krieges

Bereits nach kurzer Zeit zeigt sich, dass die ideologische Kluft zwischen den westlichen Siegermächten USA, Großbritannien und Frankreich auf der einen und der Sowjetunion auf der anderen Seite unüberbrückbar ist.

Als Folge des beginnenden Kalten Krieges zeichnet sich schon bald eine Teilung Deutschlands ab. Während die drei Westalliierten ihre Besatzungszonen nach marktwirtschaftlich-demokratischen Gesichtspunkten gestalten, treibt Stalin in der Ostzone die Sowjetisierung voran.

Vom 24. Juni 1948 bis zum 12. Mai 1949 blockiert die Sowjetunion die Zufahrtswege nach West-Berlin, weshalb die Westalliierten beginnen, die Stadt über die sogenannte *Berliner Luftbrücke* mit Hilfe von Flugzeugen zu versorgen.

Marschierende Angehörige der Seepolizei der DDR

Vor dem Hintergrund des sich verschärfenden Kalten Krieges schließen sich die westeuropäischen Staaten und Kanada unter der Führung der USA 1949 zur *North Atlantic Treaty Organisation*, kurz NATO, zusammen. Es kommt in der Folge zu einem konventionellen und atomaren Wettrüsten zwischen den beiden Supermächten und ihren jeweiligen Verbündeten. Der erste, wenn auch indirekte, militärische Zusammenstoß der beiden Machtblöcke erfolgt von 1950 bis 1953 im Koreakrieg.

Die Gründung der beiden deutschen Staaten

1949 wird die deutsche Teilung durch die Gründung zweier deutscher Staaten für mehr als 40 Jahre zementiert. Am 23. Mai 1949 wird in Bonn das Grundgesetz verkündet und tritt am folgenden Tag in Kraft: Die Bundesrepublik Deutschland ist geboren.

Am 7. Oktober 1949 folgt die Gründung der Deutschen Demokratischen Republik. Hinter einer scheindemokratischen Fassade wird nach dem Vorbild der Sowjetunion eine totalitäre Diktatur unter Führung der Sozialistischen Einheitspartei Deutschlands (SED) errichtet. Echte oder vermeintliche politische Gegner werden systematisch bespitzelt, verfolgt und inhaftiert.

Wiederaufrüstung in Ost- und Westdeutschland

Von Anfang an sind beide deutsche Staaten in den Ost-West-Konflikt eingebunden und bereiten bald auch den Aufbau eigener Streitkräfte vor.

In der sowjetischen Besatzungszone erfolgt die verdeckte Remilitarisierung bereits ab 1948 und damit deutlich früher als auf dem Gebiet der späteren Bundesrepublik. 1950 ist die ostdeutsche paramilitärische *Kasernierte Volkspolizei* bereits rund 60 000 Mann stark. Im gleichen Jahr beginnt unter der Tarnbezeichnung *Seepolizei* auch der Aufbau von Seestreitkräften. Im März 1952 wird daraus die *Volkspolizei-See*. 1951 folgt auf westdeutscher Seite die Gründung des *Seegrenzschutzes* als Gegengewicht zur DDR-Seepolizei.

Auch in Westdeutschland gibt es bereits früh Pläne für eine Wiederbewaffnung. Bundeskanzler Adenauer verfolgt eine konsequente Politik der politischen und militärischen Westintegration, um auf diese Weise die schnelle Wiedergewinnung der staatlichen Souveränität der Bundesrepublik zu erreichen.

Im Oktober 1950 treffen sich ehemalige Wehrmachtsoffiziere und Sicherheitsberater Adenauers im Eifelkloster Himmerod zu einer geheimen Tagung, um über die Aufstellung eines deutschen Kontingents zur Verteidigung Westeuropas zu beraten. Die so entstandene *Himmeroder Denkschrift* wird auch die „Geburtsurkunde der Bundeswehr" genannt.

Konrad Adenauer (1876–1967), der erste Bundeskanzler der Bundesrepublik Deutschland

Das Naval Historical Team

Vor dem Hintergrund des Kalten Krieges bemühen sich die USA, die deutschen Kriegserfahrungen im Kampf gegen die Sowjetunion für sich nutzbar zu machen. Von 1949 bis 1952 dokumentieren ehemalige Offiziere der Kriegsmarine im Auftrag der US Navy im Naval Historical Team die Erfahrungen der Kriegsmarine im Kampf gegen die sowjetischen Seestreitkräfte während des Zweiten Weltkriegs. Die Ergebnisse dieser Aufarbeitung will sich die US Navy für den Fall eines Seekriegs gegen die Sowjetunion nutzbar machen.

Zugleich beginnen sie mit den Planungen für eine zukünftige westdeutsche Marine. Ihre Überlegungen finden Eingang in die Himmeroder Denkschrift von 1950 und die Wagner-Denkschrift von 1951 und nehmen ab 1956 in der Bundesmarine Gestalt an.

Die wesentlichen Aufgaben einer neuen westdeutschen Marine sollen sein:

1. Sicherung der westlichen Ostsee gegen Angriffe der Sowjetunion,
2. Unterbrechung des gegnerischen Nachschubs,
3. Sicherung der eigenen Nachschubwege in Ost- und Nordsee.

Der NATO-Beitritt der Bundesrepublik

Die Frage der Wiederbewaffnung der Bundesrepublik Deutschland ist im In- und Ausland heftig umstritten. Ungeachtet dessen wird die Bundesrepublik am 5. Mai 1955 mit der Unterzeichnung der Pariser Verträge Mitglied der NATO und erhält zugleich von den westlichen Siegermächten, wenn auch unter Vorbehalt, die völkerrechtliche Souveränität zugesprochen. Gleichzeitig beginnt die offizielle Aufstellung der Streitkräfte der Bundesrepublik Deutschland, die den Namen *Bundeswehr* erhalten.

Der NATO-Beitritt der Bundesrepublik und die Gründung der Bundeswehr bedeuten ein Novum in der deutschen Militärgeschichte. Erstmals werden die unter parlamentarischer Kontrolle des Bundestages

Die ersten Soldaten der neu gegründeten Bundewehr erhalten am 12. November 1955 ihre Ernennungsurkunden.

Mit dem Beitritt der DDR zum Warschauer Pakt und der Gründung der nationalen Volksarmee (NVA) werden 1956 aus der Seepolizei die Seestreitkräfte der NVA.

stehenden deutschen Streitkräfte fest in ein multinationales Bündnissystem integriert. Zugleich wird die Bundeswehr von Anfang an den NATO-Kommandostrukturen unterstellt. Zunächst kritisch beäugt, gewinnt die Bundeswehr zunehmend an Ansehen in der Bevölkerung – vor allem durch Katastropheneinsätze wie z. B. während der Sturmflut von 1962 oder während der Schneekatastrophe Anfang 1979.

Die Gründung des Warschauer Paktes

Auf den NATO-Beitritt der Bundesrepublik reagiert die sowjetische Führung im Mai 1955 mit dem Abschluss des Warschauer Vertrags, mit dem die Staaten des Ostblocks ihre Armeen dem sowjetischen Oberbefehl unterstellen. Zu den Gründungsmitgliedern des Warschauer Paktes gehören auch Polen und die DDR, die ab 1956 mit der Aufstellung der *Nationalen Volksarmee* (NVA) beginnt, wobei die seit 1952 systematisch aufgebaute Kasernierte Volkspolizei als personelle und materielle Grundlage dient. Gleichzeitig werden aus der DDR-Seepolizei die *Seestreitkräfte der Nationalen Volksarmee*.

Die NVA ist von Anfang bis Ende eine ideologisch ausgerichtete Armee mit dem „imperialistischen Westen" als klarem Feindbild. Zugleich bemüht sich das DDR-Regime, große Teile der DDR-Bevölkerung durch vormilitärische Ausbildung, Wehrpflicht und paramilitärische Organisationen zu militarisieren.

Bundesmarine und Seestreitkräfte der DDR 1956–1989

Von Anfang an sind beide deutsche Staaten in den Ost-West-Konflikt eingebunden. 1955 wird die Bundesrepublik Mitglied der NATO, während die DDR im gleichen Jahr zu den Gründungsmitgliedern des Warschauer Vertrages gehört. In der Ostsee stehen sich die Flotten der Bündnisse direkt gegenüber.
Die Bundesmarine entwickelt sich seit den 1960er-Jahren zu einem bedeutenden militärischen Faktor im NATO-Nordflankenraum und schließlich zum vollwertigen NATO-Partner. Dagegen bleiben die Seestreitkräfte der DDR während der gesamten Zeit ihres Bestehens operativ der sowjetischen Marine untergeordnet.

Bundesmarine

Die Gründung der Bundesmarine

Als Folge des NATO-Beitritts beginnt die Bundesrepublik Deutschland mit der Aufstellung eigener Streitkräfte. Am 12. November 1955 werden den ersten Freiwilligen der neuen Bundeswehr ihre Ernennungsurkunden überreicht.

Gleichzeitig erfolgt der Aufbau der drei Teilstreitkräfte Heer, Luftwaffe und Marine. Eine wichtige Keimzelle der Bundeswehr ist der Bundesgrenzschutz, wobei der Seegrenzschutz mit allen Schiffseinheiten, Beamten und technischen Einrichtungen in die neue Marine überführt wird. Diese trägt offiziell den Namen *Marine der Bundesrepublik Deutschland*, wird aber meist als *Bundesmarine* bezeichnet. Erster Inspekteur der Bundesmarine wird Vizeadmiral Friedrich Ruge.

Küstenminensuchboote der LINDAU-Klasse im Verband. Die insgesamt 18 zwischen 1958 und 1960 in Dienst gestellten Einheiten der LINDAU-Klasse gehören zu den ersten Neubauten der neugegründeten Bundesmarine.

Der Aufbau der Bundesmarine

Weil die neue westdeutsche Marine innerhalb der NATO für die Verteidigung der Ostseezugänge zuständig ist, benötigt sie geeignete Stützpunkte. Das hat zur Folge, dass viele ehemalige Liegenschaften der Kriegsmarine erneut genutzt werden. Auch Kiel und Wilhelmshaven werden wieder Marinestandorte.

Als Folge der unzureichenden Zusammenarbeit zwischen Kriegsmarine und Luftwaffe im Zweiten Weltkrieg erhält die Bundesmarine eigene Flugzeuge und Hubschrauber für die Seekriegführung aus der Luft.

Für den materiellen Aufbau der Bundesmarine stellen die Alliierten Schiffe, Boote und Flugzeuge aus eigenen Beständen zur Verfügung. Auch Einheiten der ehemaligen deutschen Kriegsmarine werden wieder in Dienst gestellt. Bereits am 1. April 1957 werden der NATO zwei Minensuchgeschwader einsatzbereit gemeldet. Damit soll die Verteidigungsbereitschaft der neuen Marine unter Beweis gestellt und Anerkennung im Bündnis erworben werden. Seit 1957 nehmen deutsche Einheiten regelmäßig an NATO-Seemanövern teil.

Beim Aufbau der Bundesmarine greift man auch auf die Erfahrung von Angehörigen der ehemaligen Kriegsmarine zurück. Ein mehrstufiges Auswahlverfahren soll sicherstellen, dass nur Offiziere in die Bundesmarine übernommen werden, die sich der parlamentarischen Demokratie und dem westlichen Bündnis gegenüber verpflichtet fühlen. Das Ergebnis ist ein konservatives, verfassungsloyales Offizierkorps, das der Kriegsmarine aber weitgehend unkritisch gegenüber steht.

Die Gründung der Bundesmarine markiert einen deutlichen Einschnitt in der deutschen Marineoffiziersausbildung. Ziel ist es, ein fest in das demokratische System eingebundenes Marineoffizierkorps zu schaffen. Alle Offizieranwärter werden gemeinsam ausgebildet; die Trennung zwischen See- und Ingenieuroffizieren ist aufgehoben. Neben Nautik und Fachwissen erhalten nun auch Menschenführung und politische Bildung ein stärkeres Gewicht in der Ausbildung. Seit

In den Aufbaujahren übernimmt die Bundesmarine auch Schiffe von ihren NATO-Verbündeten. So erhält sie unter anderem sechs Leihzerstörer der FLETCHER-Klasse aus den USA.

Beginn der 1970er-Jahre ist ein wissenschaftliches Studium ein integraler Bestandteil der Offiziersausbildung.

1969 wurde für Unteroffiziersdienstgrade der Aufstieg zum Offizier des militärfachlichen Dienstes (OffzMilFD) ermöglicht. Der höchste für Offiziere des militärfachlichen Dienstes zu erreichende Dienstgrad ist Kapitänleutnant, in Ausnahmefällen Stabskapitänleutnant (seit 1993).

Das schwere Erbe der Kriegsmarine

Lange Zeit prägt die Frage des Verhältnisses zur ehemaligen Kriegsmarine und ihren Oberbefehlshabern, den Großadmiralen Raeder und Dönitz, die Diskussion um das Traditionsverständnis der neuen Bundesmarine. Die Rede des kommissarischen Leiters der Abteilung Marine im Verteidigungsministerium, Kapitän zur See Karl-Adolf Zenker, anlässlich der Vereidigung der ersten Rekruten der Marine 1956, in der er die Kriegsmarine lobend erwähnt, sorgt für einen politischen Skandal und löst im Deutschen Bundestag heftige Debatten über die Traditionspflege innerhalb der Bundesmarine aus.

Doch erst im sogenannten Traditionserlass von 1982 wird festgestellt, dass ein Unrechtsregime wie das Dritte Reich und damit auch die Kriegsmarine für die Bundeswehr nicht traditionswürdig sein kann. Die Traditionspflege der Deutschen Marine beruft sich heute auf die im Grundgesetz verankerte Werteordnung, die preußischen Staats- und Heeresreformer von 1806, den Widerstand gegen den Nationalsozialismus, die eigene Tradition der Bundeswehr sowie auf die Bundesflotte von 1848.

Seit 1998 begeht die Deutsche Marine alljährlich den 14. Juni in Erinnerung an den Beschluss des Frankfurter Paulskirchenparlaments zur Aufstellung der Bundesflotte als *Marinegeburtstag*.

Die Aufgaben der Bundesmarine

Von Anfang an operiert die Bundesmarine in enger Zusammenarbeit mit den Marinen der NATO-Partner. Zum ersten Mal übernimmt damit eine deutsche Marine einen begrenzten Auftrag innerhalb des Verteidigungskonzeptes eines multinationalen Bündnisses, den sie mit den zur Verfügung stehenden Mitteln erfüllen kann.

Mit einer gestaffelten – aus U-Booten, Marinejagdbombern, Schnellbooten sowie Minenlege- und Minenräumfahrzeugen bestehenden – Abwehr gewährleistet sie eine wirkungsvolle Verteidigung gegen

Von Anfang an verfügt die Bundesmarine auch über Flugzeuge und Hubschrauber für die Seekriegführung aus der Luft.

potentielle Bedrohungen von Osten her. So gewinnt die Bundesmarine bald Anerkennung innerhalb der NATO.

Zu den Schwerpunktaufgaben der Bundesmarine gehört im Bündnis- bzw. Verteidigungsfall die Unterbrechung der sowjetischen Seeverbindungen in der Ostsee. Hier stehen sich die Flotten der NATO und des Warschauer Paktes direkt gegenüber. Strategisch gesehen bleibt die Ostsee ein Randmeer. Als Aufmarschgebiet für die sowjetische Atlantikflotte ist sie ungeeignet, da alle Zugänge von der NATO kontrolliert werden.

Botschafterin in Weiss

1958 wird die GORCH FOCK als Segelschulschiff der Bundesmarine in Dienst gestellt. Seither sind an Bord des Kriegsschiffes ohne Bewaffnung über 15 000 Offizier- und Unteroffizieranwärter der Marine ausgebildet worden. Mehr als 100-mal ist die weiße Dreimastbark bislang aus ihrem Heimathafen Kiel zu Ausbildungsreisen ausgelaufen, in deren Verlauf sie 375 Häfen in 58 Ländern auf fünf Kontinenten besucht hat. Dabei hat die GORCH FOCK über 740 000 Seemeilen zurückgelegt – das entspricht annähernd 35 Erdumrundungen.

Neben ihrer Ausbildungstätigkeit dient die GORCH FOCK auch als *Botschafterin in Weiß*. Als einer der letzten Großsegler genießt das deutsche Segelschulschiff bei Hafenbesuchen im Ausland hohes Ansehen.

Die GORCH FOCK, das Segelschulschiff der Bundesmarine

Der Untergang des U-Bootes HAI

Am 14. September 1966 sinkt das U-Boot HAI, ein nach der Selbstversenkung 1945 gehobenes und von der Bundesmarine wieder instand gesetztes U-Boot des Typs XXIII der Kriegsmarine, in der Nordsee. Von den 20 Besatzungsangehörigen überlebt nur ein Mann. Nach der Hebung des Wracks ergibt eine Untersuchung als Unfallursache einen unbemerkt gebliebenen Wassereinbruch über den eingefahrenen Schnorchel (Luftzufuhrmast) des in schwerem Wetter aufgetaucht fahrenden U-Bootes. Der Untergang des U-Bootes HAI ist bis heute der schwerste Unfall in der Deutschen Marine.

Die Bundesmarine in den 1960er-Jahren

Allmählich entwickelt sich die Bundesmarine zu einem wichtigen Partner für die Verteidigung Westeuropas und zu einem bedeutenden militärischen Faktor im NATO-Nordflankenraum. Mit der Indienststellung zahlreicher U-Boote, Schnell- und Minensuchboote, Zerstörer, Fregatten und Hilfsschiffe sowie Flugzeuge wird bis Mitte der 1960er-Jahre eine ausgewogene Flotte mit einem Personalumfang von 36 550 Mann geschaffen.

1967 wird die Militärstrategie der NATO geändert. Bisher galt der Grundsatz der „Massiven Vergeltung“ (Massive Retaliation), wonach jeder Angriff des War-

schauer Paktes mit einem nuklearen Gegenangriff beantwortet werden sollte. Das neue Konzept der „Flexiblen Antwort“ (Flexible Response) sieht vor, einer sowjetischen Aggression mit dem jeweils optimal geeigneten militärischen Abwehrmittel zu begegnen, wobei der Einsatz von Nuklearwaffen das letzte Mittel darstellt. Dabei kommt den konventionellen Streitkräften eine besondere Bedeutung zu. Angesichts der neuen Aufgaben erfolgt durch die Bewaffnung mit Flugkörpern und die Ausrüstung mit EDV-gestützten Führungs- und Waffeneinsatzmitteln eine Modernisierung und ein weiterer Ausbau der Fähigkeiten der Bundesmarine.

Die STARFIGHTER-Krise

Ab 1961 wird in der Luftwaffe das einsitzige Kampfflugzeug STARFIGHTER (F-104 G) als Jagdbomber und Aufklärer eingeführt. 1963 erhalten auch die Marineflieger der Bundesmarine die ersten STARFIGHTER. Das anspruchsvolle Waffensystem verzeichnet jedoch besonders in den ersten Jahren eine hohe Flugunfallrate.

Erst nachdem 1966 grundlegende Maßnahmen zur Aufklärung und Beseitigung der Unfallursachen ergriffen werden, gewinnen die STARFIGHTER wieder das Vertrauen der Piloten. Trotzdem gehen bis 1990 von den 916 für die Bundeswehr beschafften STAR-

U HAI vor dem Marine-Ehrenmal

Kampfflugzeuge der Bundesmarine vom Typ STARFIGHTER und TORNADO.

FIGHTERN 269 Maschinen durch Abstürze und Unfälle verloren. Die Bundesmarine verliert 49 STARFIGHTER, wobei 20 Soldaten sterben. Ab 1979 werden die Marineflieger mit dem Mehrzweckkampf- und Aufklärungsflugzeug TORNADO ausgerüstet.

Die Bundesmarine in den 1970er-Jahren

Die Neukonzeption der Aufgaben der Marine von 1972 sieht neben der Verteidigung der Ostseezugänge auch Sicherungsaufgaben in der Nordsee und den angrenzenden Gebieten zum Schutz der seewärtigen Versorgungswege vor. Langfristig strebt die Marineführung eine Beteiligung der Bundesmarine an den Sicherungsaufgaben in Nordsee und Atlantik an.

Die dritte Konzeption der Marine von 1975 hebt zudem die bisherige strategische Schwerpunktbildung der Flotte in der Ostsee auf. Die Ostseeverteidigung bleibt zwar wichtig, doch gewinnen die Aufgaben der Bundesmarine in der Nordsee an Bedeutung. In den folgenden Jahren wird die Bundesmarine in steigendem Maße operativ im gesamten Nordflankenraum der NATO und darüber hinaus eingebunden.

Die Bundesmarine als NATO-Partner

1980 hebt der westdeutsche Bundessicherheitsrat die Beschränkung des Einsatzgebietes westdeutscher See- und Seeluftstreitkräfte auf das Seegebiet zwischen den Linien Dover-Calais und Shetland-Bergen auf. Ebenso verständigen sich die NATO-Partner auf die Einsatzgrundlagen für See- und Seeluftstreitkräfte in Frieden, Krise und Konflikt. Damit werden die politischen, operativen und organisatorischen Grundlagen für den Einsatz der Bundesmarine in der Nordsee gelegt. Die Ostsee wird zum Nebeneinsatzgebiet.

Mitte der 1980er-Jahre erreicht die Bundesmarine mit 24 U-Booten, 40 Flugkörper-Schnellbooten, 50 Minensuchbooten, acht U-Jagd-Fregatten, 112 Marinejagdbombern vom Typ TORNADO sowie zahlreichen weiteren Einheiten quantitativ und qualitativ einen bis dahin unerreichten Stand. 1984/85 wird erstmals ein westdeutscher Marineoffizier Befehlshaber eines NATO-Einsatzverbandes im Atlantik. Die Bundesmarine ist endgültig zum vollwertigen NATO-Partner geworden.

SEESTREITKRÄFTE DER DDR

DIE GRÜNDUNG DER DDR-SEESTREITKRÄFTE

Als Reaktion auf den NATO-Beitritt der Bundesrepublik Deutschland und die Gründung der Bundeswehr beginnt die DDR ihrerseits mit der offenen Aufstellung von Streitkräften und wandelt die Kasernierte Volkspolizei in die *Nationale Volksarmee* (NVA) um. Parallel dazu werden aus der DDR-Seepolizei die *Seestreitkräfte der Nationalen Volksarmee.*

Ihr Operationsgebiet ist auf die Ostsee beschränkt. Sie sollen im Kriegsfall die Seeverbindungswege für sowjetische Verstärkungen freihalten und sich an offensiven Operationen gegen gegnerische Küsten beteiligen. Ihre Aufgaben sind im Einzelnen:

1. Störung der feindlichen Seeverbindungen,
2. Schutz der eigenen Seeverbindungen,
3. Unterstützung der Landstreitkräfte durch Flankenschutz sowie
4. Abwehr feindlicher Landungsversuche.

Zusammen mit der Baltischen Rotbannerflotte und der Polnischen Seekriegsflotte bilden die Seestreitkräfte der NVA die Vereinten Seestreitkräfte unter sowjetischer Führung. Darüber hinaus dienen die DDR-Seestreitkräfte auch als ständiger Vorpostendienst zur Beobachtung der NATO-Marinen.

In den folgenden Jahren erhalten die DDR-Seestreitkräfte zahlreiche neue Fahrzeuge, die zum Großteil auf Werften der DDR gebaut werden. Nur einige größere Kampfeinheiten wie die sogenannten Küstenschutzschiffe (Fregatten) und ein Teil der Torpedo- und Raketenschnellboote stammen aus sowjetischer Produktion. Wie die Nationale Volksarmee insgesamt sind auch die DDR-Seestreitkräfte von Anbeginn von der sowjetischen Militärdoktrin und -strategie geprägt. So gibt es bis 1970 im Stab der Vereinten Seestreitkräfte nur sowjetische Marineoffiziere.

Zu den ersten größeren Neubauten der Seestreitkräfte der NVA gehören die in den 1950er-Jahren vom Stapel gelaufenen Minenlege- und Räumschiffe (MLR) vom Typ KRAKE (links) und Typ HABICHT I/II (rechts).

Das Verhältnis der DDR-Seestreitkräfte zur Kriegsmarine

Die DDR-Seestreitkräfte nehmen für sich in Anspruch, mit den deutschen Vorgängermarinen radikal gebrochen zu haben. Die zunächst nicht unbeträchtliche Beteiligung von ehemaligen Kriegsmarineangehörigen am Aufbau der DDR-Seestreitkräfte wird daher bewusst verschwiegen. Tatsächlich haben aber vormalige Offiziere und Unteroffiziere der Kriegsmarine großen Anteil an der Ausbildung der ersten DDR-Seeleutegeneration. Der Anteil der ehemaligen Kriegsmarinesoldaten unter den Angehörigen der Volkspolizei See sinkt allerdings – nicht zuletzt infolge der starken personellen Vergrößerung – von 36 Prozent Ende 1950 auf etwa 19 Prozent Ende 1954.

Die Umbenennung der Seestreitkräfte der NVA in Volksmarine

Die Traditionspflege der Seestreitkräfte der NVA bezieht sich auf die Russische Revolution von 1917, die Unruhen in der Kaiserlichen Hochseeflotte von 1917, die Novemberrevolution von 1918 sowie auf den kommunistischen Widerstand gegen den Nationalsozialismus. Um diesem Traditionsbezug Ausdruck zu verleihen, wird den Seestreitkräften der NVA anlässlich des 42. Jahrestages des Kieler Matrosenaufstandes am 3. November 1960 im Rahmen einer großen Flottenparade der Name *Volksmarine* verliehen.

Begegnung eines U-Bootes der Bundesmarine mit einem Kriegsschiff des Warschauer Pakts in der Ostsee.

Landungsübung der Volksmarine

Die Volksmarine ist in hohem Maße politisiert und ideologisch geprägt. Nach dem Vorbild der Kommunistischen Partei der Sowjetunion (KPdSU) beansprucht die Sozialistische Einheitspartei Deutschlands (SED) den alleinigen Führungsanspruch auch in den Streitkräften. Daher spielt bei der Auswahl des höheren Führungspersonals der Volksmarine die ideologische Verlässlichkeit eine größere Rolle als die fachliche Qualifikation. Zugleich werden Offiziere, Unteroffiziere und Mannschaften der Volksmarine auf politische Zuverlässigkeit überprüft.

Die Volksmarine in den 1960er-Jahren

Die Berlin-Krise 1961 sowie die Kuba-Krise 1962 führen zu einer engeren Einbindung der DDR-Streitkräfte in die militärischen Planungen der Sowjetunion. Dies gilt auch für die Volksmarine. Die sowjetische Militärdoktrin geht von einem westlichen Angriff aus, auf den mit einer Gegenoffensive reagiert werden soll. 1963 wird der *Verband der Stoßkräfte der Volksmarine* gebildet. Zu diesem Offensivverband gehören Raketen- und Torpedoschnellboote, ebenso wie zeitweilig Küstenschutzschiffe und Landungsfahrzeuge. Auch die Seegrenze der DDR wird intensiv überwacht. Der Grund ist weniger die Furcht der DDR-Führung vor einem Angriff aus dem Westen als die Verhinderung von Fluchtversuchen.

Seit 1957 ist das ungenehmigte Verlassen der DDR als „Republikflucht" strafbar. Am 13. August 1961 riegeln Volkspolizei und NVA die Sektorengrenzen nach West-Berlin ab. Damit ist das letzte Schlupfloch in den Westen verstopft. Um eine militärische Konfrontation zu vermeiden, greifen die Westalliierten nicht ein.

Nach dem Bau der Berliner Mauer wird die Grenzsicherung Aufgabe der Nationalen Volksarmee. Die *Grenzbrigade Küste* gehört zwar zu den Grenztruppen, ist aber operativ der Volksmarine unterstellt. Bis 1989 versuchen rund 5000 DDR-Bürger über die Ostsee in den Westen zu flüchten, von denen aber nur etwa 600 ihr Ziel erreichen. Viele Fluchtversuche enden tödlich.

Die Volksmarine in den 1970er- und 1980er-Jahren

Zeit ihres Bestehens bleibt die Volksmarine in operativer, organisatorischer und materieller Hinsicht innerhalb der Vereinten Seestreitkräfte der sowjetischen Marine untergeordnet.

Ungeachtet aller technischen und wirtschaftlichen Probleme entwickelt sich die Volksmarine im Laufe der Zeit zu einer durchaus kampfkräftigen Randmeer-Marine. Ihr Einsatzgebiet ist die Ostsee. Sie verfügt über Küstenschutz- und U-Boot-Jagdschiffe, Torpedo- und Raketenschnellboote, Minensuch- und Landungsfahrzeuge sowie über Jagdbomber, Hubschrauber und Küstenraketenbatterien. Zugleich erreicht die Volksmarine in den 1980er-Jahren beachtliche taktische und operative Fähigkeiten. Im Fall eines bewaffneten Konflikts zwischen der NATO und dem Warschauer Pakt soll die Volksmarine als Vorhut der Vereinten Seestreitkräfte dienen, wobei von vornherein hohe Verluste einkalkuliert werden.

Der Weg zur deutschen Wiedervereinigung

Der Zusammenbruch des Ostblocks

In den 1980er-Jahren wird die politische und wirtschaftliche Krise des sowjetischen Machtblocks immer deutlicher.

1985 leitet der neue Generalsekretär der KPdSU, Michail Gorbatschow, unter den Schlagworten *Glasnost* (Herstellung von Transparenz) und *Perestroika* (Umgestaltung von oben) eine Politik der Reform und der Öffnung dem Westen gegenüber ein. Der endgültige Zusammenbruch des Ostblocks nimmt von Polen aus seinen Anfang. 1989 besiegeln die ersten freien Wahlen das Ende der Herrschaft der polnischen Kommunistischen Partei.

Auch die DDR befindet sich ab Mitte der 1980er-Jahre in einer tiefen Krise. Wirtschaftlich steht das Land faktisch vor dem Zusammenbruch, zugleich

verliert das SED-Regime immer mehr den Rückhalt in der Bevölkerung. Rüstungsprojekte der Volksmarine werden gestrichen, reduziert oder gestreckt. Ein Teil der Soldaten wird als Aushilfe in der zivilen Produktion eingesetzt.

1989 führen die Massenflucht in den Westen und die friedliche, demokratische Revolution der DDR-Bürger zum Sturz des SED-Regimes: Am 8. November tritt das gesamte Politbüro zurück, am 9. November werden die Grenzen zur Bundesrepublik Deutschland geöffnet. Schon bald gewinnt der Gedanke an eine Vereinigung beider deutschen Staaten an Dynamik.

Die deutsche Wiedervereinigung

Am 12. September 1990 verzichten die USA, die Sowjetunion, Großbritannien und Frankreich im sogenannten Zwei-Plus-Vier-Vertrag auf alle alliierten Vorbehaltsrechte und stimmen der deutschen Wiedervereinigung zu, die am 3. Oktober 1990 durch den Beitritt der DDR zur Bundesrepublik Deutschland nach Artikel 23 des Grundgesetzes erfolgt. Das wiedervereinigte Deutschland bleibt Mitglied der NATO und der Europäischen Union.

Die Sowjetunion hat ihre Zustimmung zur deutschen Wiedervereinigung von einer Verringerung der deutschen Streitkräfte abhängig gemacht. Bis 1994 soll die Bundeswehr auf eine Friedensstärke von 370 000 Soldaten reduziert werden. Auch die Marine ist davon betroffen.

Dem Ende der DDR folgen im Juli 1991 das Ende des sowjetisch dominierten Warschauer Paktes und im Dezember 1991 die Auflösung der Sowjetunion.

Zu den Aufgaben der DDR-Streitkräfte gehört auch die Verhinderung von Fluchtversuchen.

U-Boot-Jagd-Schiffe der PARCHIM-Klasse. Im Zuge der deutschen Wiedervereinigung werden alle 16 Schiffe der PARCHIM-Klasse am 1. Oktober 1990 außer Dienst gestellt und 1993 an Indonesien verkauft.

WELT IM WANDEL – MARINE IM WANDEL

DIE DEUTSCHE MARINE 1990–2011

Mit dem Ende des Kalten Kriegs beginnt die Umstrukturierung der deutschen Streitkräfte. Gleichzeitig fordert die internationale Staatengemeinschaft von der Bundesrepublik ein verstärktes sicherheitspolitisches Engagement. Wie die gesamte Bundeswehr wird auch die Deutsche Marine verkleinert und erhält neue Aufgaben. Die Anschläge vom 11. September 2001 sind das folgenreichste weltpolitische Ereignis seit dem Ende des Kalten Kriegs. Vor dem Hintergrund einer veränderten Sicherheitslage wird die Deutsche Marine zu einer weltweit operierenden Einsatzmarine. Der Aufgabenschwerpunkt der Deutschen Marine liegt heute in der internationalen Krisenbewältigung, dem Schutz der Seewege und der Abwehr asymmetrischer Bedrohungen.

Die Marine nach der deutschen Wiedervereinigung

Am 3. Oktober 1990 erfolgt die Vereinigung der DDR mit der Bundesrepublik Deutschland durch den Beitritt nach Artikel 23 des Grundgesetzes. Angehörige, Standorte und Ausrüstung der Nationalen Volksarmee (NVA) der DDR werden teilweise in die Bundeswehr übernommen. 1385 Soldaten der ehemaligen Volksmarine werden in die Marine der Bundesrepublik integriert, die seit 1995 offiziell *Deutsche Marine* heißt.

Dagegen werden bis auf ein Küstenwachgeschwader alle Einheiten der Volksmarine außer Dienst gestellt. Lediglich zwei Schlepper und einige Wohnschiffe aus dem Bestand der ehemaligen Volksmarine werden bis heute von der Deutschen Marine verwendet.

Golfkrise und Einsatz im Persischen Golf

Nach dem irakischen Überfall auf Kuwait im August 1990 wird der *Minenabwehrverband Südflanke* mit fünf Minensuchbooten, zwei Versorgungsschiffen und rund 500 Marinesoldaten in das östliche Mittelmeer entsandt, um dort Präsenz zu zeigen.

Im Januar 1991 beginnt mit der Operation DESERT STORM der Angriff einer multinationalen Streitmacht unter amerikanischem Oberbefehl zur Befreiung Kuwaits. Der inzwischen durch weitere Einheiten verstärkte Minenabwehrverband Südflanke verlegt im März in den Persischen Golf und räumt bis Juli mehr als 100 Seeminen vor der kuwaitischen Küste. Dabei wird das Minenabwehrsystem TROIKA erstmals unter realen Bedingungen eingesetzt. Insgesamt nehmen 2670 deutsche Soldaten an dem Einsatz teil.

Das Ende des Kalten Kriegs

Am 1. Juli 1991 wird der sowjetisch dominierte Warschauer Pakt aufgelöst. Damit ist der sogenannte Kalte Krieg beendet. Gleichwohl bleibt die Landes- und Bündnisverteidigung zunächst die Hauptaufgabe der Marine. Zu diesem Zeitpunkt hat diese eine Personalstärke von rund 30 000 Mann.

Angesichts der veränderten sicherheitspolitischen Rahmenbedingungen beginnt ein langwieriger Umstrukturierungsprozess der deutschen Streitkräfte.

Golfkrieg 1990: Der Minenabwehrverband Südflanke zeigt Präsenz im Mittelmeer.

Bis 1994 wird die Personalstärke der Bundeswehr um 45 Prozent verringert. Im Zuge der Truppenreduzierung wird auch der Umfang der Marine bis zum Jahr 2000 auf 27 000 Mann verringert sowie der Bestand an Schiffen und Waffensystemen verkleinert. Parallel dazu wird mit den Projekten Fregatte 124 und U-Boot Klasse 212A die Modernisierung der Flotte vorangetrieben.

Am 1. Oktober 1991 werden die Kampfschwimmer- und die Minentaucherkompanie zur sogenannten *Waffentauchergruppe* zusammengelegt.

Der Adriaeinsatz SHARP GUARD

1991 zerfällt Jugoslawien in mehrere Einzelstaaten, was zu ethnischen Konflikten und mehreren blutigen Bürgerkriegen führt.

1992 beschließt die Bundesregierung die Beteiligung der Deutschen Marine an der Durchsetzung des UN-Embargos gegen Rest-Jugoslawien im Rahmen der NATO-Operation MARITIME GUARD. Ab Juli 1994 setzen deutsche Zerstörer und Fregatten im Rahmen der Operation SHARP GUARD in der Adria das Embargo gegen Serbien und Montenegro durch.

Von 1995 bis 1996 unternehmen zudem Seefernaufklärer vom Typ BREGUET ATLANTIC im Rahmen der unter NATO-Kommando stehenden, multinationalen Friedenstruppe IFOR (International Peace Implementation Force) Aufklärungsflüge über der Adria. Zugleich entsendet die Marine einen Minenabwehr- und einen Schnellbootverband in die Adria. Am 21. Juli 1996 endet der vierjährige Embargo-Überwachungseinsatz deutscher Kriegsschiffe in der Adria.

Von 1993 bis 1996 sind deutsche Kriegsschiffe an der Operation SHARP GUARD beteiligt, der Überwachung des Embargos gegen Serbien und Montenegro in der Adria.

Die Marineflieger-geschwader

Jagdbomber vom Typ TORNADO der Deutschen Marine. Mit der Auflösung der Marinefliegergeschwader 1 und 2 übernimmt die Luftwaffe die Aufgabe des Luftkriegs über See.

1993 wird das in Jagel beheimatete Marinefliegergeschwader 1 als Aufklärungsgeschwader 51 „Immelmann" in die Luftwaffe überführt. 2005 wird auch das Marinefliegergeschwader 2 in Tarp/Eggebek aufgelöst und die Jagdbomber vom Typ TORNADO an die Luftwaffe übergeben, die damit die Fähigkeit zum Luftkrieg über See übernimmt.

Partnerschaft für den Frieden

Im Januar 1994 beschließt die NATO auf einem Gipfeltreffen in Brüssel das Programm „Partnerschaft für den Frieden", um die Zusammenarbeit mit den Staaten des ehemaligen Ostblocks zu stärken. Die erste Übung BALTIC ENDEAVOUR, an der deutsche, dänische und polnische Seestreitkräfte beteiligt sind, beginnt im September.

Einsatz in Somalia

Im Februar 1994 erfolgt mit den Fregatten KARLSRUHE und KÖLN, dem Tanker SPESSART und dem Versorger NIENBURG die Verlegung des 1993 zu einem humanitären Hilfseinsatz in das vom Bürgerkrieg zerstörte Somalia entsandten, deutschen Heereskontingents von Mogadischu nach Mombasa. Seit dem Einsatz in Somalia werden die Operationen der Marine aus dem Einsatzführungskommando der Bundeswehr in Potsdam geführt.

Auslandseinsätze der Bundeswehr

Im Juli 1994 stellt das Bundesverfassungsgericht fest, dass sowohl friedenserhaltende als auch friedenschaffende Auslandseinsätze der Bundeswehr mit dem Grundgesetz vereinbar sind. Erforderlich dafür ist die vorherige Zustimmung des Bundestages mit einfacher Mehrheit.

Im Oktober 1994 wird die Schnellbootflottille von Flensburg nach Warnemünde verlegt.

Minenräumen in der Ostsee

1996 finden die ersten Minenräumoperationen BALTIC SWEEP und OPEN SPIRIT vor den Küsten der baltischen Staaten statt. Bei den bis heute jährlich stattfindenden multinationalen Übungen werden militärische Altlasten aus der Zeit der beiden Weltkriege und der Sowjetunion beseitigt.

Der Hilfseinsatz an der Oder und Flugzeugabsturz vor Namibia

Im Juni 1997 leistet die Bundeswehr Hilfe bei der Bekämpfung des Oderhochwassers, wobei auch Marinesoldaten eingesetzt werden. Am 12. Juni gehen die Flottille der Minenstreitkräfte und die polnische 8. Küstenschutzflottille eine Patenschaft ein.

Am 13. September 1997 kommt es vor der Küste Namibias zur Kollision einer Tupolew Tu-154 der Deutschen Luftwaffe mit einer Lockheed C-141 Starlifter der US-Luftwaffe; alle 24 Menschen an Bord der Tupolew, darunter zwölf Marinesoldaten, und alle neun Besatzungsmitglieder der Starlifter sterben.

Im Dezember 1997 wird das Marineamt von Wilhelmshaven nach Rostock verlegt.

Ein Zerstörer der LÜTJENS-Klasse feuert einen Flugkörper ab. Nach dem Ende des Kalten Kriegs hat sich der Aufgabenschwerpunkt der deutschen Marine grundlegend verändert.

Einsatzgruppenversorger

Mit dem Einsatzgruppenversorger BERLIN wird am 11. April 2001 das größte Schiff der Deutschen Marine in Dienst gestellt; im August 2002 folgt die Indienststellung des zweiten Einsatzgruppenversorgers FRANKFURT AM MAIN. Die beiden Schiffe sind speziell für die veränderten Anforderungen der Marine entworfen und können weltweit operieren. Im September 2013 wird mit der BONN der dritte Einsatzgruppenversorger der Deutschen Marine in Dienst gestellt.

Im Zuge der Kommando-Neuorganisation der Marine wird im September 2001 das Marineunterstützungskommando in Wilhelmshaven aufgelöst.

Die Typstützpunkte

1998 werden die schwimmenden und fliegenden Einheiten der Deutschen Marine in sogenannten Typstützpunkten zusammengefasst. Sie besteht nun aus der Zerstörerflottille mit Sitz in Wilhelmshaven, der Schnellbootflottille in Warnemünde, der U-Boot-Flottille in Eckernförde, der Flottille der Minenstreitkräfte in Olpenitz sowie der Flottille der Marineflieger mit Stützpunkten in Nordholz, Tarp/Eggebek und Kiel/Holtenau.

Erste NATO-Osterweiterung

Im März 1999 werden Polen, Ungarn und die Tschechische Republik Mitglied der NATO. Deutsche See- und Luftstreitkräfte nehmen im Frühjahr 1999 an den alliierten Operationen gegen Serbien im Kosovo-Krieg teil. Es kommt zum ersten Kampfeinsatz von Bundeswehrsoldaten. Bis heute sind deutsche Soldaten im Rahmen von friedenserhaltenden Maßnahmen im ehemaligen Jugoslawien im Einsatz.

Frauen in der Bundeswehr

Nachdem Frauen bereits seit 1975 im Sanitäts- und Militärmusikdienst dienen konnten, sind aufgrund eines Urteils des Europäischen Gerichtshofs seit dem 1. Januar 2001 alle Laufbahnen und Tätigkeiten in der Bundeswehr auch für Frauen zugänglich.

Mit der Verlegung der Lehrgruppe Elektronik 2001 wird die Marinetechnikschule in Parow die größte Schule der Marine. Bis 2006 werden die ehemals 15 Schulen der Marine auf vier reduziert.

Seit 2001 dienen Frauen in allen Bereichen der Bundeswehr – auch an Bord der Schiffe der Deutschen Marine.

Soldaten der Spezialisierten Einsatzkräfte der Marine (SEK M)

Operation ENDURING FREEDOM

Nach den verheerenden Anschlägen islamistischer Terroristen auf das Pentagon in Washington D.C. und das World Trade Center in New York am 11. September 2001 wird zum ersten Mal in der Geschichte der NATO der Bündnisfall ausgerufen.

Vor dem Hintergrund einer veränderten Sicherheitslage wird die Deutsche Marine zu einer weltweit operierenden Einsatzmarine. Am 16. November 2001 stimmt der Bundestag der Beteiligung an der Operation ENDURING FREEDOM (OEF) zu. Im Januar 2002 beginnt die Deutsche Marine mit der Verlegung von Schiffen und Seefernaufklärern vom Typ BREGUET ATLANTIC in den Indischen Ozean. Sie haben die Aufgabe, die Seeschifffahrt im Roten Meer und im Golf von Aden zu überwachen und vor terroristischen Angriffen zu schützen. Bis zum Auslaufen des Bundestagsmandats im Juni 2010 patrouilliert die Deutsche Marine im Rahmen der Operation ENDURING FREEDOM im Seegebiet am Horn von Afrika.

Gleichzeitig beteiligt sich die Deutsche Marine im östlichen Mittelmeer und in der Straße von Gibraltar an der Operation ACTIVE ENDEAVOUR. Der Kampf gegen den internationalen Terrorismus ist seither Teil des dienstlichen Alltags vieler Marinesoldaten.

Zweiter Irak-Krieg

Im März 2003 beginnt ungeachtet der Kritik vieler Staaten und eines fehlenden UN-Mandats die amerikanisch-britische Militärintervention im Irak, die mit dem Sturz des irakischen Machthabers Saddam Hussein endet.

Spezialisierte Einsatzkräfte der Marine

Im Juli 2003 werden die Spezialisierten Einsatzkräfte Marine (SEK M) gebildet, zu denen neben der Waffentauchergruppe auch die sogenannte Boardingkompanie gehört, die unter anderem als spezialisiertes Enterkommando bei der Embargoüberwachung und der Durchsuchung von Handelsschiffen eingesetzt wird.

Mit dem Zerstörer LÜTJENS wird am 18. Dezember das letzte dampfbetriebene Schiff der Deutschen Marine außer Dienst gestellt. Seit 2005 kann das Schwesterschiff MÖLDERS im Deutschen Marinemuseum in Wilhelmshaven als Museumsschiff besichtigt werden.

Transformation der Bundeswehr

Im Mai 2003 wird die Rolle der Bundeswehr innerhalb der deutschen Sicherheitspolitik durch die Verteidigungspolitischen Richtlinien (VPR) neu definiert; zu ihren wichtigsten Aufgaben gehören fortan Konfliktverhütung, Krisenbewältigung und der Kampf gegen den internationalen Terrorismus.

Parallel zu dem neuen Einsatzprofil beginnt die Transformation der Bundeswehr zu einer modernen Interventionsstreitmacht. Angesichts ihrer neuen Aufgaben benötigt die Bundeswehr Streitkräfte, die schnell und wirksam streitkräftegemeinsam (joint) und gemeinsam mit den Streitkräften anderer Nationen (combined) eingesetzt werden können. Gleichzeitig wird die Wehrpflicht auf neun Monate verkürzt. Insgesamt soll die Zahl der Rekruten und freiwillig Wehrdienstleistenden verringert, der Anteil von Berufs- und Zeitsoldaten erhöht werden.

Die Bundeswehr besteht heute aus den klassischen Teilstreitkräften Heer, Luftwaffe und Marine sowie aus dem Zentralen Sanitätsdienst und der Streitkräftebasis, die für die Führung, Unterstützung, Aufklärung und Ausbildung aller drei Teilstreitkräfte verantwortlich ist.

Zweite NATO-Osterweiterung

Im Juli 2004 treten die drei baltischen Staaten Estland, Lettland und Litauen sowie Rumänien, Bulgarien, die Slowakei und Slowenien der NATO bei.

Im November 2004 wird mit der SACHSEN die erste Flugabwehrfregatte des Typs 124 in Dienst gestellt; sie ist zu diesem Zeitpunkt das modernste Schiff der Deutschen Marine.

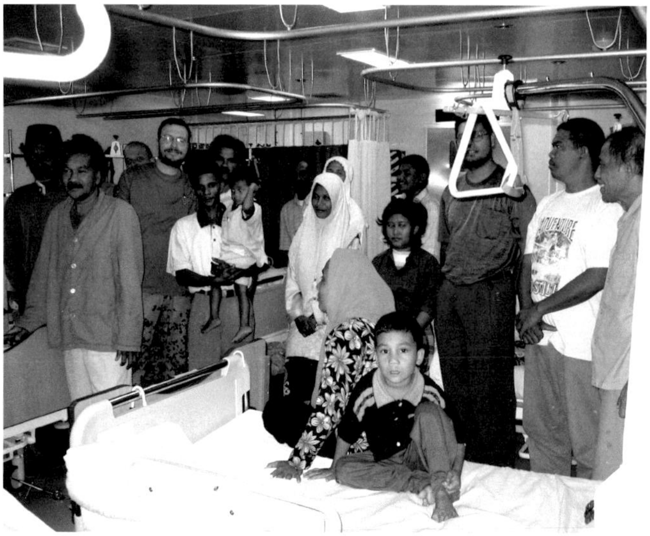

Humanitärer Hilfseinsatz nach der Tsunami-Katastrophe in Indonesien: Überlebende werden an Bord des Einsatzgruppenversorgers BERLIN medizinisch versorgt.

Hilfseinsatz in Indonesien

Nach einer verheerenden Tsunami-Katastrophe in Südostasien vom 25. Dezember 2004 läuft im Januar 2005 der Einsatzgruppenversorger BERLIN zu einem humanitären Hilfseinsatz aus.

Im Oktober 2005 beginnt mit der Indienststellung von U31 und U32 der Zulauf einer neuen Generation von U-Booten der Klasse 212A, die dank ihres neuartigen außenluftunabhängigen Brennstoffzellenantriebs wochenlang unter Wasser bleiben können.

Am 30. Dezember wird der Marinestützpunkt Olpenitz geschlossen; fortan sind die Minenabwehreinheiten in Kiel stationiert.

Von der Typ- zur Einsatzflottille

Am 1. Juli 2006 werden die bisherigen fünf Typflottillen der Marine zu zwei Einsatzflottillen mit Sitz in Kiel und Wilhelmshaven zusammengefasst, die vom Flottenkommando in Glücksburg aus geführt werden.

Zur Einsatzflottille 1 gehören die Minenstreitkräfte mit Heimathafen Kiel, die Marineschutzkräfte, die Spezialisierten Einsatzkräfte der Marine sowie die U-Boote und Flottendienstboote, die in Eckernförde stationiert sind, sowie die Schnellboote mit dem Stützpunkt Warnemünde. Die Aufgaben der Einsatzflottille sind Einsätze in Küstengewässern und im Küstenvorfeld, wobei diese Fähigkeiten gezielt weiterentwickelt und auch den NATO-Partnern im Rahmen eines Kompetenzzentrums zur Verfügung gestellt werden.

In der Einsatzflottille 2 sind die Fregatten und die Versorgungsfahrzeuge zusammengefasst. Zu ihren Aufgaben gehören die Seeraumüberwachung, die Bekämpfung von Überwassereinheiten und U-Booten sowie die Flugabwehr. Auch die Flottille der Marineflieger wird aufgelöst; die Marinefliegergeschwader 3 und 5 sind fortan direkt dem Flottenkommando unterstellt.

UNIFIL

Nach dem israelisch-libanesischen Krieg beschließt der Bundestag im September 2006 die Beteiligung der Deutschen Marine an der Überwachung der Küste des Libanon im Rahmen der UNIFIL-Mission (United Nations Interim Force in Lebanon). Es ist der erste maritime UN-Einsatz und der erste UN-Einsatz unter deutschem Oberbefehl.

ATALANTA

Seit Ende 2008 ist die Deutsche Marine an der Operation ATALANTA am Horn von Afrika beteiligt. Die erste maritime Mission der Europäischen Union hat

Die Fregatte SCHLESWIG-HOLSTEIN läuft 2004 in den Großen Hafen von Valletta auf der Insel Malta ein. Das Schiff gehört zu diesem Zeitpunkt zum ständigen NATO-Verband im Mittelmeer STANAVFORMED (Standing Naval Force Mediterranean).

Rückkehr der Fregatte KARLSRUHE nach Wilhelmshaven von der EU-geführten Anti-Piraterie-Operation ATALANTA am Horn von Afrika am 5. Dezember 2009.

die Aufgabe, den Schiffen des Welternährungsprogramms, die die notleidende Bevölkerung Somalias mit Lebensmitteln versorgen, sicheres Geleit zu geben und die im Operationsgebiet befindlichen Handelsschiffe vor Piratenangriffen zu schützen.

Strukturreform der Bundeswehr

2011 beginnt ein neuer Abschnitt in der Geschichte der Deutschen Marine. Mit der Aussetzung der Wehrpflicht und dem Beginn einer erneuten Strukturreform der Bundeswehr steht die Deutsche Marine vor den größten Veränderungen seit ihrer Gründung.

Die Deutsche Marine heute

Im Zuge der Strukturreform erhält die Deutsche Marine eine neue Kommandostruktur. Am 1. Oktober 2012 werden der Führungsstab der Marine, das Flottenkommando und das Marineamt aufgelöst und zum neuen Marinekommando mit Sitz in Rostock zusammengeführt. Die beiden Einsatzflottillen mit Sitz in Kiel (Einsatzflottille 1) und Wilhelmshaven (Einsatzflottille 2) bleiben bestehen.

Am 8. Oktober 2012 wird in Nordholz bei Cuxhaven das neue Marinefliegerkommando aufgestellt. Diesem sind das Marinefliegergeschwader 3 „Graf Zeppelin" (MFG), zu dem die Aufklärungsflugzeuge gehören, und das Marinefliegergeschwader 5 (MFG 5), in dem die Hubschrauber zusammengefasst sind, unterstellt. Das MFG 5 wird 2012 von Kiel nach Nordholz verlegt. Am 28. März 2013 verabschieden sich die Marineflieger nach mehr als 50 Jahren endgültig vom Standort Kiel-Holtenau.

Ebenso werden die Fähigkeiten der Minentaucher, Boardingteams und Marineschutzkräfte in dem am 1. April 2014 neu aufgestellten Seebataillon zusammengefasst. Zu diesem größten Verband der Deutschen Marine gehören neben den vier Einsatzkompanien (Bordeinsatzkompanie, Küsteneinsatzkompanie, Aufklärungskompanie und Minentaucherkompanie) der Bereich Stab, Ausbildung, Weiterentwicklung sowie eine Unterstützungskompanie.

Nach der Umsetzung der Strukturreform der Bundeswehr umfasst die Deutsche Marine 13050 Soldatinnen und Soldaten. Hinzu kommen bis zu 800 freiwillig Wehrdienstleistende sowie Reservedienstleistende.

Im Jahr 2014 verfügt die Deutsche Marine über einen Schiffs- und Bootsbestand von elf Fregatten, fünf Korvetten, acht Schnellbooten, vier U-Booten, 17 Minenabwehrfahrzeugen sowie 21 Hilfsschiffen, darunter die drei Einsatzgruppenversorger, Tanker und Tender sowie drei Flottendienstboote (Aufklärungsschiffe).

Die vier noch im Dienst befindlichen älteren Fregatten der Klasse 122 werden bis 2019 durch Neubauten der Klasse 215 ersetzt. Ebenso sind zwei weitere U-Boote der Klasse 212A im Zulauf. Die Schnellboote sowie ein Teil der Minenabwehrfahrzeuge werden dagegen in den kommenden Jahren außer Dienst gestellt.

Deutschland und die See heute

Die Bundesrepublik Deutschland ist eine der bedeutendsten Wirtschaftsnationen und eines der größten Exportländer der Welt. Über 90 Prozent des Welthandels und auch ein Großteil des deutschen Außenhandels werden über die Meere abgewickelt. Unser gesamtes Wirtschaftssystem, unser Wohlstand und unsere sozialen Errungenschaften sind von einem freien Seehandel abhängig.

Maritime Abhängigkeit

Als rohstoffarmes Hochtechnologieland bezieht Deutschland viele lebensnotwendige Ressourcen aus dem Ausland. 82 Prozent des Energiebedarfs werden durch fossile Brennstoffe wie Erdöl, Kohle oder Erdgas gedeckt, rund 13 Prozent durch Kernenergie und bislang nur etwa fünf Prozent durch erneuerbare Energien.

Mehr als 70 Prozent der benötigten Energieträger müssen importiert werden. Der mit Abstand wichtigste Energieträger Erdöl muss zu annähernd 97 Prozent eingeführt werden, Erdgas zu 85 Prozent und Steinkohle zu 67 Prozent.

Auch bei vielen anderen Rohstoffen ist Deutschland auf Importe angewiesen. Metalle wie Eisen, Chrom, Kupfer, Titan, Uran und Mangan müssen zu 93,8 Prozent, Edelmetalle zu 98 Prozent eingeführt werden.

Diese wenigen Zahlen machen deutlich, wie sehr die Bundesrepublik Deutschland von Rohstoffimporten und damit von sicheren Seewegen abhängig ist.

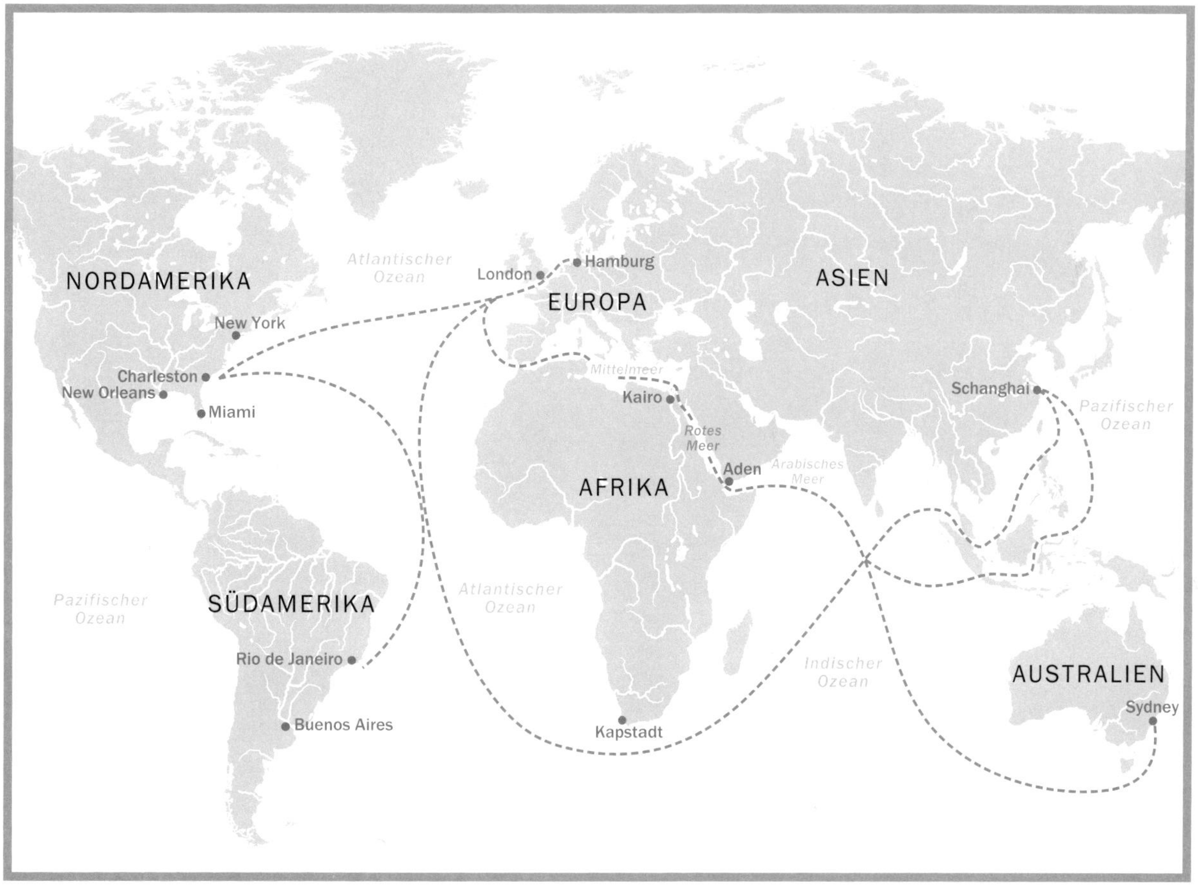

Die Bundesrepublik Deutschland ist eine der bedeutendsten Wirtschaftsnationen der Welt. Unser gesamtes Wirtschaftssystem, unser Wohlstand und unsere sozialen Errungenschaften sind von einem freien Seehandel abhängig. Eine starke Deutsche Marine schützt diese Seewege.

Handelsschifffahrt und Häfen

Die deutsche Handelsschifffahrt zählt zu den bedeutendsten der Welt. Die Zahl der deutschen Handelsschiffe hat sich seit dem Jahr 2000 mehr als verdoppelt. Anfang 2010 kontrollieren die deutschen Reeder 3300 Handelsschiffe, von denen aber weniger als 25 Prozent unter deutscher Flagge fahren. Der weitaus größte Teil der deutschen Handelsflotte ist aus ökonomischen Gründen ausgeflaggt.

In den letzten Jahren nimmt auch die Zahl der deutschen Seeleute wieder zu. Dies bietet gute berufliche Chancen für den seemännischen Nachwuchs.

Die deutschen Häfen besitzen große Bedeutung als logistische Dienstleistungszentren und Industriestandorte. Jährlich laufen mehr als 130 000 Schiffe die deutschen Seehäfen an. Rund 500 000 Arbeitsplätze sind direkt oder indirekt von der Hafenwirtschaft abhängig.

Die bedeutendsten deutschen Seehäfen sind Hamburg und Bremen/Bremerhaven. Hier finden über die Hälfte des gesamten Seegüterumschlags und mehr als 95 Prozent des Containerumschlags in Deutschland statt. Nach aktuellen Prognosen wird das Güteraufkommen in den deutschen Seehäfen bis 2025 um das Eineinhalbfache auf über 750 Millionen Tonnen zunehmen.

Die maritime Wirtschaft

Die maritime Wirtschaft zählt zu den wichtigsten und fortschrittlichsten Wirtschaftszweigen in Deutschland. Sie ist von herausragender Bedeutung für die Wettbewerbsfähigkeit Deutschlands als Technologie-, Produktions- und Logistikstandort.

Obgleich mittlerweile rund 80 Prozent der weltweiten Schiffbauproduktion, insbesondere bei Standardschiffen, auf die asiatischen Schiffbauländer Korea, Japan und China entfallen, besitzt die deutsche Werftindustrie dank hochwertiger Produkte und innovativer Entwicklungen immer noch eine technologische Spitzenstellung unter den Schiffbaunationen. Vor allem im Spezialschiffbau sind die deutschen Werften immer noch international wettbewerbsfähig.

Meeresforschung und Meerestechnik sind für die Erforschung, die nachhaltige Nutzung und den Schutz der Meere und damit auch für das Überleben der Menschheit unverzichtbar und daher ein wichtiger zukunftsorientierter Wirtschaftsbereich für die Bundesrepublik.

Rund 100 000 Beschäftigte arbeiten in der deutschen maritimen Industrie, wie Schiffbau, Schiffbau- und Offshore-Zulieferer.

Die Deutsche Marine ist heute weltweit im Einsatz. Deutsche Kriegsschiffe sind unter anderem an der Bekämpfung der Piraterie und des internationalen Terrorismus beteiligt.

83
25
MARINE

Seesicherheit und maritimes Bewusstsein

Für die Bundesrepublik Deutschland hat sich durch das Ende des Kalten Kriegs und die Terroranschläge des 11. September 2001 die sicherheitspolitische Lage in den letzten zwei Jahrzehnten gleich zweimal grundlegend gewandelt. Die Sicherheitsinteressen der Bundesrepublik sind heute durch neue, asymmetrische Bedrohungen gekennzeichnet. Vor allem die Seewege gelten als gefährdet. Die existenzielle Bedeutung freier und sicherer Seewege für unser Land wird jedoch von der deutschen Öffentlichkeit bislang zu wenig wahrgenommen.

Der 11. September 2001

Die Anschläge vom 11. September 2001 sind das folgenreichste weltpolitische Ereignis seit dem Fall der Berliner Mauer. Unter der Führung der USA bildet sich eine Koalition zur Bekämpfung des internationalen Terrorismus.

Im Gegensatz zu klassischen militärischen Konflikten wird der Anti-Terror-Kampf als sogenannter asymmetrischer Krieg nicht gegen einen klar erkennbaren Gegner, sondern gegen einen unsichtbaren Feind geführt. Für die Bundesrepublik und ihre Verbündeten bedeutet dies, dass die Bedrohung global und allgegenwärtig ist. Dabei gelten insbesondere die internationalen Seewege als gefährdet.

Nicht nur die internationalen Handelswege, sondern auch die deutschen Häfen könnten Ziele von terroristischen Angriffen werden.

Nach wie vor ist die Überwachung des deutschen Seeraums lückenhaft. Obgleich viele Behördenfahrzeuge den Schriftzug „Küstenwache" tragen, ist die Schaffung einer Küstenwache als Exekutivbehörde des Bundes bislang am Widerstand einiger Bundesländer gescheitert.

Die Rolle der Marine

Auch die Deutsche Marine hat sich der veränderten Weltlage angepasst. Sie hat sich in den letzten eineinhalb Jahrzehnten von einer auf die Verteidigung von Nord- und Ostsee beschränkten Seestreitmacht zu einer global operierenden Einsatzmarine gewandelt.

Anders als zur Zeit des Kalten Krieges liegt der Schwerpunkt ihrer Aufgaben heute nicht mehr in der Abwehr konventioneller militärischer Angriffe auf Deutschland und seine Verbündeten, sondern in der Konfliktverhütung, Krisenbewältigung und der Terrorismusbekämpfung.

Die Deutsche Marine ist dabei in der Lage, in Kooperation mit ihren Bündnispartnern weltweit zu operieren.

Die Aufgaben der Deutschen Marine

Die wichtigsten Aufgaben der Deutschen Marine sind heute die internationale Krisenbewältigung, die Bekämpfung des internationalen Terrorismus, die Abwehr asymmetrischer Bedrohungen und der Schutz der internationalen Seewege.

Ende 2011 befinden sich Einheiten und Soldaten der Marine auf Auslandseinsätzen am Horn von Afrika und vor der Küste des Libanon. Darüber hinaus ist die Deutsche Marine auch an vier ständigen Marineverbänden der NATO beteiligt. Hinzu kommen noch kleinere Kontingente der Marine im Rahmen von Missionen der UN und EU. Das Einsatzspektrum der Deutschen Marine reicht dabei von friedenserhaltenden bis zu friedenschaffenden Einsätzen.

Um diese neuen Aufgaben in Zukunft optimal erfüllen zu können, werden neue Schiffstypen für die Deutsche Marine entwickelt wie die Fregatte Typ 125, die speziell für lang andauernde Auslandseinsätze konzipiert ist, und die Korvette Typ 130, die für den weltweiten Einsatz in Küstengewässern über eine größere Durchhaltefähigkeit verfügt.

Deutsche Küsten in Gefahr

Nicht nur die internationalen Seehandelswege, auch die deutschen Küsten sind gefährdet. Auch wenn es glücklicherweise bislang nicht zu Anschlägen auf die Bundesrepublik Deutschland kam, ist nicht auszuschließen, dass auch die deutschen Küsten in Zukunft zum Angriffsziel für internationale Terroristen werden könnten. Dabei ist es durchaus möglich, dass gekaperte Schiffe als schwimmende Bomben oder zur bewussten Herbeiführung von Umweltkatastrophen auf See eingesetzt werden.

Neben der Gefahr von Terroranschlägen stellen insbesondere Seeunfälle und die möglicherweise damit verbundenen schwerwiegenden Folgen für die Umwelt eine ernsthafte Bedrohung für die deutschen Küsten dar. Heute zählen Nord- und Ostsee zu den am dichtesten befahrenen Gewässern der Welt. Mit der Zahl der Schiffe wächst auch die Gefahr von Havarien. Ungeachtet moderner Sicherheitseinrichtungen und Navigationsmethoden kommt es auch heute immer wieder zu Unfällen auf See. Eine Vorstellung von den möglichen Folgen eines Schiffsunglücks für die Umwelt vermittelt die Kollision zwischen einem Tanker und einem Frachter vor der Halbinsel Darß an der Küste Mecklenburg-Vorpommerns im Jahre 2001. Dabei sind mehrere Tausend Tonnen Öl ausgelaufen, die das empfindliche maritime Ökosystem in diesem Gebiet nachhaltig geschädigt haben.

Überwachung des Seeraums

Um Gefahren rechtzeitig erkennen zu können, müssen die Gewässer vor den deutschen Küsten überwacht werden.

In Deutschland ist die Seeraumüberwachung angesichts des Kompetenzwirrwarrs zwischen Bund und Ländern jedoch äußerst lückenhaft. Die Sicherung und Kontrolle des Seeverkehrs ist Ländersache, während die Überwachung der Seegrenzen und des grenzüberschreitenden Warenverkehrs in die Kompetenz des Bundes fällt.

Zur besseren Koordination der Überwachungs- und Kontrollaufgaben in den deutschen Küstengewässern hat der Bund 1994 den Koordinierungsverbund Küstenwache ins Leben gerufen. Die deutsche Küstenwache ist jedoch keine eigenständige Behörde, sondern lediglich eine besondere Form der Zusammenarbeit zwischen den maritimen Vollzugskräften des Bundes. Die Schaffung einer Küstenwache als Exekutivbehörde auf Bundesebene scheiterte bislang am Widerstand einiger Bundesländer.

Eine neue Sicherheitsstruktur für die deutschen Küsten

Absolute Sicherheit vor den deutschen Küsten kann niemand garantieren. Das weiß auch der Deutsche Marinebund (DMB). Zu vielfältig und zu unvorhersehbar sind die möglichen Bedrohungen. Nach Auffassung des DMB entspricht das Sicherheitssystem an den deutschen Küsten jedoch nicht mehr der möglichen Gefährdungslage.

Zweifellos hat sich bereits vieles zum Besseren gewandelt. Das 2003 als Sonderstelle des Bundes und der Küstenländer zur Sicherstellung eines koordinierten Unfallmanagements auf Nord- und Ostsee gegründete Havariekommando in Cuxhaven hat sich bewährt. Das Maritime Sicherheitszentrum mit dem seit 2007 bestehenden Gemeinsamen Lagezentrum See (GLZ-See) ist ein wichtiger Schritt hin zum gemeinsamen Handeln der insgesamt 15 beteiligten Dienste. Allerdings hat das GLZ-See bislang keinen Zugriff auf Daten der Deutschen Marine. Dadurch bleibt das Lagebild unvollständig.

Nach Ansicht des DMB ist es unerlässlich, die bestehenden Strukturen weiterzuentwickeln und sie auf mögliche, neue Gefahren vorzubereiten. Das Ziel muss der Aufbau einer nationalen Küstenwache sein. Ebenso sollten die Kompetenzen und Erfahrungen der Deutschen Marine – z. B. bei der Bekämpfung asymmetrischer Bedrohungen – zukünftig besser genutzt werden.

Der erste Schritt wäre eine Vernetzung aller vorhandenen Lagezentren einschließlich der Marine. Ein umfassendes Lagebild würde die Früherkennung von Gefahren ermöglichen.

Ebenso wie zahlreiche Experten und maritime Verbände ist auch der DMB der Meinung: Die Schaffung einer Küstenwache als effektive Exekutivbehörde und ein Seesicherheitsgesetz für eine kompetente Beteiligung der Deutschen Marine an den Sicherheitsstrukturen vor unseren Küsten wären die ideale Lösung, um möglichen seewärtigen Bedrohungen der Bundesrepublik vorzubeugen.

Das Marine-Ehrenmal in Laboe

Das Marine-Ehrenmal ist ein Spiegel der deutschen Geschichte im 20. Jahrhundert. Ursprünglich als Kriegerdenkmal errichtet, ist es heute als nationale Gedenkstätte mit internationalem Charakter der Erinnerung an die auf See Gebliebenen aller Nationen gewidmet. Das Marine-Ehrenmal ist zugleich die offizielle Gedenkstätte der Deutschen Marine.

Deutschland nach dem Ersten Weltkrieg

1918 endet der Erste Weltkrieg mit der Niederlage des Deutschen Reiches. Für die meisten Deutschen dieser Zeit ist der verlorene Krieg ein schweres Trauma.

Im Bund Deutscher Marinevereine, dem 1891 gegründeten Vorläufer des heutigen Deutschen Marinebunds, suchen aktive und ehemalige Offiziere, Unteroffiziere und Mannschaften der Marine Zusammenhalt. Zugleich bewahren sie die Erinnerung an die im Krieg gefallenen Marineangehörigen.

Die Idee zur Errichtung eines Marine-Ehrenmals

1925 schlägt Wilhelm Lammertz, ein ehemaliger Obermaat der Kaiserlichen Marine, die Errichtung einer Gedenkstätte für die 35 000 im Ersten Weltkrieg gefallenen deutschen Marinesoldaten vor. Der Gedanke stößt innerhalb des Bundes Deutscher Marinevereine auf großen Widerhall. Der Bau des Marine-Ehrenmals wird beschlossen.

Als symbolträchtiger Standort wird das Gelände einer ehemaligen Geschützstellung der Kieler Hafenverteidigung in Laboe ausgewählt.

Nach einem Architekturwettbewerb fällt die Entscheidung zugunsten eines Gestaltungsvorschlages des Düsseldorfer Architekten Gustav August Munzer. Sein Entwurf zählt zu den bedeutendsten architektonischen Beispielen des Expressionismus in Deutschland. Das Hauptmerkmal ist der 85 Meter über den Meeresspiegel aufragende Turm. Damit will Munzer nach eigenen Worten, *„ein Bauwerk schaffen, mit der Erde und der See fest verwurzelt und gen Himmel steigend wie eine Flamme“.* Zugleich dient der Turm als weithin sichtbares Wahrzeichen des Marine-Ehrenmals.

Grundsteinlegung

Nach dem Willen des Bundes Deutscher Marinevereine sollte das Marine-Ehrenmal nicht nur Gedenkstätte für die gefallenen deutschen Marineangehörigen sein, sondern auch an einen Wiederaufbau einer größeren deutschen Marine, als sie der Versailler Vertrag erlaubt, gemahnen.

Demontage des alten Panzerturms in Laboe. An dieser Stelle entsteht das Marine-Ehrnmal.

Dieser Wunsch steht auch hinter der Widmung, die Admiral a. D. Reinhard Scheer, der 1916 die deutsche Flotte in der Skagerrakschlacht befehligt hatte, anlässlich der Grundsteinlegung am 8. August 1927 spricht: *„Für deutsche Seemannsehr', für Deutschlands schwimmende Wehr, für beider Wiederkehr."* Das Ziel heißt: Wiederaufbau einer starken Flotte und Revanche für die Niederlage im Ersten Weltkrieg.

Der Bau des Marine-Ehrenmals

Der Bau des Marine-Ehrenmals wird hauptsächlich durch Spenden finanziert. Die veranschlagten Kosten in Höhe von 500 000 Reichsmark (nach heutigem Geldwert ca. fünf Millionen Euro) werden größtenteils von den Mitgliedern der Marinevereine aufgebracht.

1929 wird als erster Bauabschnitt der Turm errichtet. Aus Geldmangel ruhen die Arbeiten während der Weltwirtschaftskrise. Erst ab 1933 kann mit dem Bau der unterirdischen Gedenkhalle, des Innenhofes und der Historischen Halle fortgefahren werden.

Das Marine-Ehrenmal und das NS-Regime

Im Januar 1933 übernehmen die Nationalsozialisten die Macht in Deutschland. 1935 wird auch der Bund Deutscher Marinevereine gleichgeschaltet und als Nationalsozialistischer Deutscher Marinebund der Kriegsmarine zugeordnet. Im Frühjahr 1936 wird das Marine-Ehrenmal vollendet. Am 30. Mai 1936, dem Vorabend des 20. Jahrestages der Skagerrakschlacht, wird es mit einem Staatsakt feierlich eröffnet.

Nicht nur das Datum, auch die Gestaltung der Feierlichkeiten ist programmatisch. Die Kriegsmarine präsentiert sich mit einer Flottenparade als Symbol der Wiederkehr deutscher Seemacht.

Das NS-Regime nutzt die Einweihung, um das Marine-Ehrenmal ideologisch zu vereinnahmen. Adolf Hitler ist zwar anwesend, hält aber keine Rede. Stattdessen spricht der damalige Generaladmiral Erich Raeder als Oberbefehlshaber der Kriegsmarine. In seiner Festrede interpretiert er das Marine-Ehrenmal im Sinne der nationalsozialistischen Weltanschauung. Ungeachtet dessen bleibt das NS-Regime dem zur Zeit der Weimarer Republik entworfenen Marine-Ehrenmal gegenüber auf Distanz. Hitler nennt es sogar ein *„Kitschprodukt sondergleichen"*.

Das Marine-Ehrenmal nach 1945

Nach der deutschen Kapitulation im Mai 1945 übernehmen die Alliierten die Regierungsgewalt in Deutschland. Schleswig-Holstein wird Teil der britischen Besatzungszone.

Das Marine-Ehrenmal heute

Im Zuge der Entnazifizierung wird auch der Nationalsozialistische Deutsche Marinebund verboten und das im Krieg weitgehend unbeschädigt gebliebene Marine-Ehrenmal von den Briten beschlagnahmt.

Entgegen ihren ersten Überlegungen, es wie andere Denkmäler militärischen Charakters zu zerstören, beschließt die britische Militärregierung, das Marine-Ehrenmal zu erhalten und treuhänderisch der Gemeinde Laboe zu übertragen. Nach Auffassung der Briten verherrlicht das Marine-Ehrenmal nicht den Krieg, sondern ist ein *„persönlicher Tribut"* der deutschen Bevölkerung für die *„im Dienste des Landes gefallenen Angehörigen der Marine"*.

Die Rückgabe des Marine-Ehrenmals 1954

Am 30. Mai 1954 wird das Marine-Ehrenmal an den 1952 neu gegründeten Deutschen Marinebund zurückgegeben.

In Anwesenheit amerikanischer, britischer und italienischer Marineoffiziere widmet der damalige Präsident des Deutschen Marinebunds, der ehemalige U-Boot-Kommandant Otto Kretschmer, das Ehrenmal anlässlich der Übergabefeier *„Dem Gedenken aller toten deutschen Seefahrer beider Weltkriege"*. Zugleich gedenkt er auch der alliierten Kriegstoten. Damit wird eine neue Gedenktradition begründet, der sich der Deutsche Marinebund seither verpflichtet fühlt: Statt Revanche für die erlittene Niederlage ist das Ziel fortan die Versöhnung mit den ehemaligen Gegnern. Das Marine-Ehrenmal wird zu einem Ort der Erinnerung nicht nur an die gefallenen deutschen Marineangehörigen, sondern an die Seeleute aller Nationen, die in beiden Weltkriegen ihr Leben verloren haben.

Das Technische Museum U 995

Seit 1972 erinnert U 995 an die deutschen und alliierten Opfer des U-Boot-Krieges im Zweiten Weltkrieg. Es ist das letzte existierende U-Boot des Typs VIIc, von dem bis 1944 insgesamt 663 Boote gebaut werden.

U 995 läuft 1943 auf der Werft Blohm & Voss in Hamburg vom Stapel. Nach der Indienststellung wird U 995 von Norwegen aus gegen alliierte Konvois eingesetzt, welche die Sowjetunion mit Nachschub versorgen. Bei der deutschen Kapitulation im Mai 1945 fällt U 995 unbeschädigt in die Hände der Alliierten, die das U-Boot später an Norwegen übergeben. Die norwegische Marine setzt das U-Boot unter dem Namen KAURA als Schulboot für die Ausbildung von U-Boot-Besatzungen ein. Nach der Außerdienststellung im Jahre 1962 wird U 995 als Zeichen der Aussöhnung von Norwegen an die Bundesrepublik Deutschland zurückgegeben und 1972 nach einer umfassenden Restaurierung als historisch-technisches Museum am Strand vor dem Marine-Ehrenmal aufgestellt.

Das Marine-Ehrenmal erhält eine neue Widmung

1992 deutet der damalige Präsident des Deutschen Marinebunds, Flottillenadmiral a. D. Hansdieter Christmann, das Marine-Ehrenmal als *„ein Zeichen deutscher Marinetradition, aber zugleich auch Mahnmal für Frieden und Freiheit auf der Welt und für eine friedliche Seefahrt auf freien Meeren"*.

Von 1993 bis 1998 wird das Marine-Ehrenmal umfassend renoviert. 1996 erhält es die neue Widmung: *„Gedenkstätte für die auf See Gebliebenen aller Nationen. Mahnmal für eine friedliche Seefahrt auf freien Meeren."* Die neue Sinngebung bezeugt nachdrücklich, dass es im Marine-Ehrenmal nicht um Heldenverehrung, sondern um das Gedenken an all diejenigen geht, die auf See ihr Leben verloren haben. Ebenso wird dadurch der internationale Charakter dieses weltweit einmaligen Friedensmahnmals unterstrichen.

Gleichzeitig wird in der Eingangshalle des Turmes die *Gedenkstätte Deutsche Marine* zum Gedenken an die Toten der Marine seit 1955 und zur Erinnerung an alle anderen auf See Gebliebenen geschaffen.

Das Marine-Ehrenmal heute

Rund 200 000 Besucher aus dem In- und Ausland kommen jedes Jahr nach Laboe, um das Marine-Ehrenmal zu besichtigen oder um den auf See Gebliebenen zu gedenken. Bis heute dient es vielen Menschen als Ort der persönlichen Trauer und der Erinnerung an Familienangehörige, Freunde und Kameraden, die ihr Leben auf See verloren haben. Ebenso ist das Marine-Ehrenmal die offizielle Gedenkstätte der Deutschen Marine.

Darüber hinaus ist das Marine-Ehrenmal seit Jahrzehnten eine international anerkannte Gedenkstätte, wie regelmäßige Kranzniederlegungen ausländischer Delegationen, etwa anlässlich der Kieler Woche, bezeugen. Auch der Brauch deutscher und ausländischer Kriegsschiffe, angesichts des Marine-Ehrenmals der auf See Gebliebenen zu gedenken und ihnen durch Flaggengruß oder „Front“ (Ehrenerweisung eines passierenden Schiffes) die Ehre zu erweisen, zeigt, dass es einen festen Platz im Bewusstsein der seefahrenden Nationen hat.

Die eigentlichen Orte des Gedenkens sind die unterirdische Gedenkhalle und das Erdgeschoss des Turmes, wo sich die *Gedenkstätte Deutsche Marine* und die *Gedenkstätte Zivile Schifffahrt* sowie der Gedenkraum für die in den beiden Weltkriegen gefallenen deutschen Marinesoldaten befinden. Demgegenüber dient die Historische Halle als marinegeschichtliches Informationszentrum und der Innenhof als Stätte der Begegnung sowie als Ort für Veranstaltungen.

Als Erinnerungs- und Lernort, der sich mit der deutschen Geschichte bewusst auseinandersetzt, wird das Marine-Ehrenmal auch in Zukunft ein lebendiges Denkmal bleiben.

Der deutsche Marinebund heute

Als größter maritimer Interessenverband Deutschlands pflegt der Deutsche Marinebund e.V. (DMB) die deutschen Marinetraditionen und das maritime Brauchtum. Er bietet allen mit dem Meer und der Seefahrt verbundenen Menschen ein Forum.

Der Deutsche Marinebund fördert in enger Zusammenarbeit mit der Marine und der Handelsschifffahrt alle Bereiche der deutschen Seefahrt. Dazu gehört auch, die deutsche Bevölkerung über die Bedeutung und Notwendigkeit der Seefahrt für die Bundesrepublik Deutschland zu informieren. Der DMB beteiligt sich parteipolitisch neutral an der Diskussion über aktuelle maritime Themen und ist Ansprechpartner für die maritimen Entscheidungsträger in unserer Gesellschaft.

Nicht nur aktive und ehemalige Angehörige der deutschen Marinen, sondern jeder, der sich für Schiffe und Seefahrt begeistert oder sich für Themen wie Meeres-Umweltschutz oder maritime Wirtschaft interessiert, kann Mitglied im Deutschen Marinebund oder in einer der mehr als 300 im DMB organisierten Marinekameradschaften zwischen Flensburg im Norden und Konstanz im Süden, zwischen Trier im Westen und Görlitz im Osten werden.

Weiterführende Literatur

Allgemeine Übersichtsdarstellungen

Ulf Dirlmeier, Andreas Gestrich, Ulrich Herrmann und Ernst Hinrichs: *Kleine deutsche Geschichte*, Ditzingen 2007.

Volker Berghahn: *Der Erste Weltkrieg*, München 2003.

Herfried Münkler: *Der Große Krieg. Die Welt 1914-1918*, Reinbek 2013.

John Keegan: *Der Zweite Weltkrieg*, 2. Auflage, Reinbek 2009.

Rolf-Dieter Müller: *Militärgeschichte*, Köln/Weimar//Wien 2009.

Gerhard Schreiber: *Der Zweite Weltkrieg*, 4. Auflage, München 2002.

Nachschlagewerke

Jürgen Gebauer und Egon Krenz: *Marine-Enzyklopädie von A bis Z*, Wien 2003.

Hans H. Hildebrand, Albert Röhr und Hans-Otto Steinmetz: *Die deutschen Kriegsschiffe. Biographien – Ein Spiegel der Marinegeschichte von 1815 bis zur Gegenwart*, 7 Bände, Herford 1983.

Elmar B. Potter und Chester W. Nimitz: *Seemacht – Eine Seekriegsgeschichte von den Anfängen bis zur Gegenwart*, deutsche Ausgabe herausgegeben von Jürgen Rohwer, Herrsching 1982.

Albert Röhr: *Handbuch der deutschen Marinegeschichte*, Oldenburg und Hamburg 1963.

Jürgen Rohwer und Gerhard Hümmelchen: *Chronik des Seekrieges 1939-45*, Oldenburg und Hamburg 1968.

Hans-Jürgen Witthöft: *Lexikon zur deutschen Marinegeschichte*, 2 Bände, Herford 1977.

Geschichte der deutschen Marine

François-E. Brézet: *Die deutsche Kriegsmarine*, München 2003.

Jörg Duppler: *Germania auf dem Meere. Bilder und Dokumente zur Deutschen Marinegeschichte 1848 –1998.* Mittler, Hamburg 1998.

Friedrich Elchlepp, Walter Jablonsky, Fritz Minow und Manfred Röseberg: *Volksmarine der DDR – Deutsche Seestreitkräfte im Kalten Krieg*, 2. durchgesehene Auflage, Hamburg 2000.

Militärgeschichtliches Forschungsamt (Hg.): *Deutsche Marinegeschichte der Neuzeit, Deutsche Militärgeschichte* in sechs Bänden 1648-1939, Bd. 5, Herrsching 1983.

Sigurd Hess, Guntram Schulze-Wegener und Heinrich Walle (Hrsg.): *Faszination See. 50 Jahre Marine der Bundesrepublik Deutschland*. Mittler, Hamburg/Berlin/Bonn 2005.

Ingo Pfeiffer: *Seestreitkräfte der DDR – Abriss 1950-1990*, Berlin 2014.

Werner Rahn (Hg.): *Deutsche Marinen im Wandel. Vom Symbol nationaler Einheit zum Instrument internationaler Sicherheit*, Beiträge zur Militärgeschichte, hg. vom Militärgeschichtlichen Forschungsamt, Bd. 63, München 2005.

Guntram Schulze-Wegener: *Deutschland zur See*. Illustrierte Marinegeschichte von den Anfängen bis heute, 2. vollständig überarbeitete und erweiterte Auflage, Hamburg 2007.

Heinrich Walle (Hg.): *100 Jahre Marineflieger 1913-2013*, Hamburg 2013.

Geschichte des Marine-Ehrenmals

Thorsten Prange: *Das Marine-Ehrenmal in Laboe – Geschichte eines deutschen Nationalsymbols*, Wilhelmshaven 1996.

Internet

Deutsche Marine: www.marine.de

Deutscher Marinebund: www.deutscher-marinebund.de

Impressum

Dr. Jann M. Witt ist der Historiker des Deutschen Marinebundes in Laboe. Regelmäßig unterrichtet er am Wehrgeschichtlichen Ausbildungszentrum der Marineschule Mürwick, der Offizierschule der Deutschen Marine. Er ist Autor zahlreicher Bücher zu maritimen Themen.

Der Palm Verlag ist ein Imprint des Elsengold Verlages, Berlin.
Lizenzausgabe 2015 für den Elsengold Verlag GmbH, Berlin

Abbildungen: © Deutscher Marinebund, Laboe
Karten: Peter Palm, Berlin
Gestaltung und Satz: Hella Baumeister

Printed in Slovenia

ISBN 978-3-944594-23-1